A POTÊNCIA DE EXISTIR

Michel Onfray

A POTÊNCIA DE EXISTIR
Manifesto hedonista

Tradução: Eduardo Brandão

SÃO PAULO 2019

Esta obra foi publicada originalmente em francês com o título
LA PUISSANCE D'EXISTER
por Grasset et Fasquelle, Paris
Copyright © Editions Grasset et Fasquelle, 2006
Copyright © 2010, Editora WMF Martins Fontes Ltda.,
São Paulo, para a presente edição.

"*Ouvrage publié avec le concours du Ministère français*
chargé de la culture – Centre National du Livre."

"*Obra publicada com apoio do ministério francês da cultura –*
Centro Nacional do Livro."

« *França.Br 2009* » *l'Année de la France au Brésil (21 avril – 15 novembre) est organisée :*
En France : par le Commissariat général français, le Ministère des Affaires étrangères
et européennes, le Ministère de la Culture et de la Communication et Culturesfrance.
Au Brésil : par le Commissariat général brésilien, le Ministère de la Culture et le
Ministère des Relations Extérieures.

"*França.Br 2009*" *Ano da França no Brasil (21 de abril a 15 de novembro) é organizado:*
No Brasil: pelo Comissariado geral brasileiro, pelo Ministério da Cultura e pelo
Ministério das Relações Exteriores.
Na França: pelo Comissariado geral francês, pelo Ministério das Relações exteriores e europeias,
pelo Ministério da Cultura e da Comunicação e por Culturesfrance.

1ª edição *2010*
2ª tiragem *2019*

Tradução
EDUARDO BRANDÃO

Acompanhamento editorial
Luciana Veit
Preparação do original
Maria Fernanda Alvares
Revisões gráficas
Marisa Rosa Teixeira
Márcia Leme
Produção gráfica
Geraldo Alves
Paginação
Moacir Katsumi Matsusaki

Dados Internacionais de Catalogação na Publicação (CIP)
(Câmara Brasileira do Livro, SP, Brasil)

Onfray, Michel
  A potência de existir : manifesto hedonista / Michel Onfray ; tradução Eduardo Brandão. – São Paulo : Editora WMF Martins Fontes, 2010.

  Título original: La puissance d'exister : manifeste hédoniste.
  ISBN 978-85-7827-167-1

  1. Antologia 2. Ensaios filosóficos 3. Filosofia moderna – Século 21 4. Hedonismo I. Título.

09-07533   CDD-171.4

Índices para catálogo sistemático:
1. Hedonismo : Filosofia   171.4

Todos os direitos desta edição reservados à
Editora WMF Martins Fontes Ltda.
Rua Prof. Laerte Ramos de Carvalho, 133 01325-030 São Paulo SP Brasil
Tel. (11) 3293.8150 e-mail: info@wmfmartinsfontes.com.br
http://www.wmfmartinsfontes.com.br

Toda alegria quer a eternidade.
Nietzsche, *Assim falava Zaratustra*,
"O outro canto de baile".

SUMÁRIO

Prefácio: Autorretrato com criança XIII

primeira parte: UM MÉTODO ALTERNATIVO

I. Uma via lateral filosófica 3
1) Uma historiografia dominante. 2) O *a priori* platônico.
3) Uma contra-história da filosofia.

II. Uma razão corporal 13
1) O romance autobiográfico. 2) O hápax existencial.
3) A decodificação de uma egodiceia.

III. Uma vida filosófica 21
1) Uma perspectiva de sabedoria. 2) Um utilitarismo pragmático.
3) Um sistema hedonista.

segunda parte: UMA ÉTICA ELETIVA

I. Uma moral ateológica 33
1) A episteme judaico-cristã. 2) A necessária descristianização.
3) Um ateísmo pós-cristão.

II. Uma regra imanente do jogo 41
1) Uma ética estética. 2) A escultura de si.
3) Um adestramento neuronal.

III. UMA INTERSUBJETIVIDADE HEDONISTA 49
1) O contrato hedonista. 2) Os círculos éticos.
3) Uma dialética da polidez.

terceira parte: UMA ERÓTICA SOLAR

I. O IDEAL ASCÉTICO 59
1) A mitologia da falta. 2) A ideologia familista.
3) A codificação ascética.

II. UMA LIBIDO LIBERTÁRIA 65
1) O eros leve. 2) A máquina solteira.
3) Uma metafísica da esterilidade.

III. A HOSPITALIDADE CARNAL 71
1) O pacto erótico. 2) As combinações lúdicas.
3) Um feminismo libertino.

quarta parte: UMA ESTÉTICA CÍNICA

I. UMA LÓGICA ARQUIPELÁGICA 79
1) A revolução do pré-feito. 2) A morte do Belo.
3) A arqueologia do presente.

II. UMA PSICOPATOLOGIA DA ARTE 85
1) A negatividade niilista. 2) Permanência do platonismo.
3) Uma religião da mercadoria.

III. UMA ARTE CÍNICA 91
1) O antídoto cínico. 2) Uma transmissão dos códigos.
3) Uma rematerialização do real.

quinta parte: UMA BIOÉTICA PROMETEICA

I. UMA CARNE DESCRISTIANIZADA 101
1) Um modelo angélico. 2) A heurística da audácia.
3) Uma ampliação do corpo.

II. UMA ARTE DO ARTIFÍCIO 107
1) A superação do humano. 2) Uma eugenia do evitamento.
3) Uma metafísica dos artefatos.

III. O CORPO FAUSTIANO 113
1) O entre dois nadas. 2) A identidade neuronal.
3) Uma pedagogia da morte.

sexta parte: UMA POLÍTICA LIBERTÁRIA

I. UMA CARTOGRAFIA DA MISÉRIA 121
1) A lógica imperial liberal. 2) Miséria suja contra miséria limpa.
3) Um fascismo micrológico.

II. UMA POLÍTICA HEDONISTA 131
1) O gênio colérico libertário. 2) O nietzschianismo de esquerda.
3) Rematar Maio de 68.

III. UMA PRÁTICA DE RESISTÊNCIA 137
1) O devir revolucionário dos indivíduos. 2) A associação de egoístas.
3) Uma política hedonista.

À minha mãe, redescoberta.

PREFÁCIO
AUTORRETRATO COM CRIANÇA

1
Morri aos dez anos de idade, numa bela tarde de outono, numa luz que dá vontade de eternidade. Beleza de setembro, nuvens de sonhos, luminosidades de manhãs do mundo, suavidade do ar, perfumes de folhas e de sol amarelo pálido. Setembro de 1969–novembro de 2005. Abordo *enfim* no papel esse momento da minha existência após o pretexto de uma trintena de livros para não ter de escrever as páginas que seguem. Texto adiado, muita dor para voltar àqueles quatro anos num orfanato de padres salesianos entre meus dez e catorze anos – antes de mais três anos de pensionato em outro lugar. Sete ao todo. Aos dezessete anos, bati as asas, morto-vivo, e parti para a aventura que me conduziu, neste dia, para a frente da minha folha de papel, onde vou depositar uma parte das chaves do meu ser...
Antes dos dez anos, minha vida se passa na natureza da minha aldeia natal, em Chambois: a água sem graça do rio onde pesco vairões, o arvoredo onde apanho amoras, os sabugueiros de que tiro o material para confeccionar as antigas flautas dos pastores gregos, as trilhas no mato, as florestas rumorejantes, o cheiro das lavouras, os céus de pintores, as vibrações do vento no alto dos trigais, o perfume das colheitas, o voo das abelhas, a correria dos gatos bravios. Vivi feliz nesses tempos virgilianos. Antes de ler as *Geórgicas* eu as vivi, minha carne em contato direto com a matéria do mundo.

XIV
A POTÊNCIA DE EXISTIR

Minha dor, na época, é minha mãe. Não fui uma criança insuportável, mas ela não me suportava. Tinha suas razões, que compreendi bem mais tarde, quando nos tornamos adultos porque paramos de ter raiva dos cegos que nos conduziram à beira do abismo e de que nos apiedamos depois de um trabalho da razão. Provavelmente minha mãe sonhou demais sua vida evitando vivê-la realmente, como tantas mulheres a quem a pulsão bovarística é ensinada como uma segunda natureza. Batida, detestada, abandonada por uma mãe de contornos não muito nítidos, colocada em famílias substitutas pela assistência pública, nas quais foi explorada, ferida, humilhada, deve ter acreditado no casamento como uma ocasião para pôr fim a esse pesadelo.

Ora, a aliança não alterou em nada uma vida já escrita havia anos, desde certamente aquele dia em que, logo depois do seu nascimento num domingo de Todos os Santos, foi depositada num caixote à porta de uma igreja. Ninguém se recupera de ter sido um dia rejeitado pela mãe; menos ainda quando, tornando-se mãe, rejeita por sua vez seu filho, ficcionando no inferno do inconsciente que a partida jogada por outro permitirá não jogar mais a sua. Seria tão simples... Nem o marido, nem os filhos, nem a família oferecem o que só uma recentragem de si pelo sujeito ferido possibilita. Como, para minha mãe, existir serenamente tendo em si uma chaga da qual escorre sangue desde o pórtico da igreja? Para sarar, é necessário primeiro um diagnóstico que se aceite.

Eu certamente vi muito bem em que becos sem saída minha mãe se extraviava usando de sua energia sem discernimento – tal qual um animal furioso em sua jaula que se atira de cabeça contra as grades, perpetuamente em sangue, dilacerado por si mesmo e enlouquecido ainda mais pela constatação de que sua autodestruição não abole seu cativeiro. Muito pelo contrário: a prisão fica mais apertada, a carnificina continua, o sangue chama mais sangue. Aos oito ou nove anos, eu sabia coisas demais. Minha mãe talvez as ignorasse; mas seu inconsciente não.

O menino taciturno e fechado não recriminava, não se queixava, não manifestava mais traquinice do que um garotinho dessa idade. Eu via, sentia, avaliava, surpreendi aqui e ali, soube disto ou daquilo – numa cidadezinha, o ódio dos adultos não poupa as crianças, ao contrário... Descobri segredos, claro, mas terá ela sabido um dia que eu os desvelara? Não sei. O caso é que essa mulher, que em criança foi batida, bateu em seu filho, compulsivamente, com tudo o que lhe caía na mão. Pão, talheres, objetos diversos, qualquer coisa...

Na época, sem que eu me lembre de bobagens ou travessuras notáveis, ela ameaçava me mandar para a casa de correção, para um internato militar ou para o orfanato... Ladainhas mil vezes desfiadas! Ser no mundo como uma censura viva da incapacidade que tem sua mãe de passar para o outro lado do espelho social por causa da família que ela tem não justifica que uma mãe se livre do seu filho... Também me lembro que ela predizia para mim um fim no cadafalso! Sem nunca ter matado pai nem (sobretudo) mãe, nem tido em vista uma carreira de assaltante, menos ainda cogitado a arte de degolar, eu não me via com o pescoço na guilhotina. Já minha mãe, sim!

Meu Deus, como ela deve ter sofrido por não ter conseguido conter o ódio que lhe impingiram e que ela devolvia ao mundo, sem discernimento, incapaz de poupar seu filho! O que pode compreender uma criança com menos de dez anos dessa mecânica cega que envolve, sem que eles queiram, esses atores descerebrados na loucura que os destrói? Uma mãe bate em seu filho como uma telha cai do telhado; o vento não é culpado. Depositando sua filha à porta de uma igreja, minha avó, de quem ignoro tudo, contribuiu para os movimentos de todas essas infâncias postas sob o signo da negatividade. A força cega que move os planetas conduz num mesmo movimento inocente os seres alimentados com essas energias negras.

Fui portanto afastado do caminho de minha mãe e posto num orfanato, estranho paradoxo, *por meus pais...* Compulsão de repetição. Cena primitiva. Teatralização catártica. Eu desempenhava um papel num palco cujas lógicas ignorava. Mesma coisa no caso da minha mãe. Meu pai deixou-a fazer, incapaz de enfrentar essa violência da minha mãe que, em tais casos, potencializava as energias ruins. Sua natureza plácida, seu tropismo pacífico a qualquer preço fizeram dele um cúmplice, de resto massacrado pela brutalidade de um trabalho extenuante de operário agrícola e pelas misérias de uma vida de que nunca se queixava.

Fui portanto levado em setembro de 1969 para esse orfanato que se chama Giel – uma mistura de gelo com fel*. Claro, ele acolhia crianças que ainda tinham pais, mas o lugar foi concebido no século XIX como exclusivo para órfãos. Nos dizeres dos envelopes, no cabeçalho da correspondência oficial, nas placas de sinalização, nos boletins escolares, nos carimbos ovais da escola, nos anúncios dos jornais, nas atas publicadas na imprensa local, lá estava a palavra: *orfanato*.

O que significa para uma criança de dez anos ser levada para um, senão que a abandonam? A sequência permite reescrever a história e, esquecendo a casa de correção, o internato militar e outras delicadezas afetuosas, minha mãe contou muitas vezes desde então que ela previa a continuidade de meus estudos no curso superior e que o pensionato preparava corretamente para essa continuação ignorada e muito improvável que minha existência revelou. Por que não o colégio mais próximo – onde meu irmão estudou? E do qual voltava todas as tardes. Giel foi de fato, para minha mãe, a oportunidade para trocar sua posição de abandonada pela de abandonadora.

2

A pensão fica a trinta minutos da minha aldeia natal – vinte e oito quilômetros exatamente. Maio de 68 ocorreu sem ter tempo de efetuar o trajeto até essa província da Baixa Normandia. Essa localidade do departamento de Orne formiga de bruxos e bruxarias, de fazendinhas sujas e de feiticeiros. Quando o espírito de Maio produzir seu efeito, dois anos mais tarde, a palavra orfanato cederá lugar a um acrônimo bem de acordo com o espírito do tempo: o orfanato de Giel desaparece em benefício de uma E.S.A.T. – Escola Secundária Agrícola e Técnica –, que envolve com um papel diferente a mesma lógica salesiana.

---

* Em francês, *gel* e *fiel*, respectivamente. (N. do T.)

XVII
PREFÁCIO

A arquitetura utiliza a pedra do maciço armoricano, um granito escuro e desesperador quando ensopado pela chuva. O local, sem surpresa, recicla o projeto da construção carcerária: o asilo, a prisão, o hospital, o quartel. O conjunto adquire o aspecto de um E. Para um garoto de dez anos, do alto de seu um metro, encontrar-se nos braços desse edifício oprime o corpo, logo, a alma. Em torno desse núcleo duro se distribuem uma fazenda, oficinas para o aprendizado das profissões, uma estufa, infraestruturas esportivas. O conjunto parece uma aldeia. Os seiscentos alunos e os encarregados pelo ensino superam em número a população do pequeno vilarejo de que venho. Uma fábrica por si só, uma máquina canibal, uma cloaca antropófaga.

A prisão não tem muralhas, não tem fronteira clara, não tem sinal visível de um lado externo e de um lado interno. Quando se entra nela? O campo circundante já é ou ainda é o dispositivo. Não longe do núcleo central estão o Moinho, com sua base de canoas e caiaques construídos pelos padres, uma série de edificações à beira do Orne, uma réplica minúscula da gruta de Lourdes, os caminhos que levam a ela, a floresta ao lado, os bosques de um lugar chamado Le Belvédère, campos, um lixão a céu aberto. Tudo isso ainda se chama Giel...

Não se escapa de um lugar assim. Encerrado entre escarpas, se desce a ele por uma estrada que despenca até o cerne negro do aparato disciplinar. Quem resolve fugir logo se encontra num campo hostil para os que ignoram seus detalhes. Nas duas ou três estradas nos arredores, os veículos dos padres vão e vêm, ou os dos camponeses, dos ribeirinhos logo avisados de que a criança que anda sozinha no acostamento é um fora da lei do orfanato. Fora é dentro, e vice-versa. Não se escapa de uma prisão não murada. A carne e a alma são vigiadas inclusive a distância, principalmente a distância.

O prédio central fica em frente de uma capela. O nome oficial. Na verdade, é antes uma igreja, tão grande quanto um edifício paroquial de aldeia. Última das construções do agrupamento, ela contrasta com a arquitetura do conjunto. A linha quebrada da sua cumeeira desenha um ângulo bem no espírito da arquitetura dos anos 60. Imagina-se o diabo de Cazotte pousando o traseiro em cima da capela para aí deixar o sulco da sua passagem. Telhas cor de antracito, granito cinza, faixa de vitrais que corre ao comprido – escuro fora, claro dentro –, campanário (sem campana) de concreto armado, quando a chuva molha a capela, o todo é desesperador.

Ao lado da capela, na frente do prédio geral, perto da fazenda (monte de esterco no terreiro interno, mugidos de vacas e passagens de Fernand, um retardado bonzinho com olhos de fuinha e perpétuo sorriso imbecil), um minúsculo jardim acolhe uma estátua que no sentido etimológico direi pedófila: ela representa dom Bosco e Domingos Sávio, primeiro em data dos êmulos do santo da legenda áurea da mitologia salesiana. Do Francisco de Sales, autor de belas *Conversações espirituais* – magníficas páginas sobre "a ternura que temos por nós mesmos"... –, não sobra grande coisa.

Dom Bosco apaga Francisco de Sales. Os padres distribuem uma história em quadrinhos intitulada *A vida prodigiosa e heroica de dom Bosco*. A *Introdução à vida devota* já não conta muito. Com base no princípio de Jacopo de Varazze, mas com as armas de Goscinny e Uderzo, mostram-nos um herói positivo que, último cartucho de um percurso impecável, alcança a canonização pela graça do papa Pio XI. Da pobreza original ao baldaquino da igreja de são Pedro, dom Bosco encarna o trajeto ideal segundo a razão apologética.

A crer na versão HQ, dom Bosco teve de enfrentar o ceticismo de seus contemporâneos, a vindita dos comunistas, o cinismo e o deboche dos ricos, a resistência de algumas autoridades da Igreja, mas, guiado pela Providência – ela às vezes tem o aspecto de um cachorrão protetor chamado Rex... –, obtém satisfação em todos os seus projetos. Inclusive na fundação de seus orfanatos... Às vezes rezamos à noite para que seja coberto o déficit do estabelecimento; solicitamos um milagre em moeda sonante – na manhã seguinte, aparece um doador e nós o associamos a nossas intenções de prece!

A preocupação salesiana consiste em dar uma formação aos jovens, mais precisamente em dirigi-los para o trabalho manual. Assim, a organização interna supõe um objetivo claro: encontrar para cada interno uma profissão digna desse nome. Agricultor, padeiro, cozinheiro, salsicheiro, na época em que o orfanato vive em autarquia, torneiro fresador, o suprassumo, marceneiro, horticultor nos anos em que passei lá – 1969 a 1973. Para os mais moldáveis intelectualmente, o sacerdócio. Mas no espírito salesiano não se gosta da inteligência, desconfia-se dos livros, teme-se o saber. O *intelectual* – segundo a palavra recorrente de um padre orientador educacional –, eis o inimigo...

3
Primeiro dia, primeira hora, primeiros minutos, primeira experiência fundadora desses quatro anos de inferno: sob o sol ainda quente de setembro, espero numa fila a passagem pela secretaria. Diversos documentos, distribuição do regulamento interno, formulários administrativos, formalidades de ingresso. Chamados por um padre que utiliza o tubo de uma das chaves do seu chaveiro para apitar a formação por classe, o gado do quinto ano espera seu registro na mecânica do orfanato.

Meus pais foram embora. Deixei minha maleta de papelão num imenso monte, mais alto do que eu, perto de uma escada. Próxima volta ao meu vilarejo dentro de três semanas – e por algumas horas apenas. Para os meus dez anos, eternidade, um tempo impossível de medir, a não ser pelo buraco que abre no coração até fazer as pernas fraquejarem e ameaçarem me implodir, ali, no pátio, no meio daquele ruído de crianças postas brutalmente em presença do seu destino. A história do ser se escreve ali, com essa tinta existencial e essa carne que se furta, esse corpo que registra animalmente a solidão, o abandono, o isolamento, o fim do mundo. Arrancado dos costumes, dos rituais, das fisionomias conhecidas, dos lugares íntimos, eu me encontro sozinho no universo, experimentando o infinito pascaliano e a vertigem que se segue. Vórtice da alma e dos humores...

A dois dedos de desmaiar para apagar o espetáculo dessa fusão lenta no rebanho, eu todo me torno o fato banal de uma gola de camisa virada à minha frente. Uma dobra na roupa do meu vizinho na fila de espera, e vejo uma faixa branca, depois um nome bordado com fio vermelho. Sobrenome, nome. De repente tremo: também trago nas minhas roupas esses pedaços de pano exigidos pela administração do orfanato, mas meu nome não está nele. Somente um número: 490.

O chão foge sob os meus pés. Michel Onfray acabou, pois. Não serei mais que 490, um número que reduz meu ser a esses algarismos. Normal, estou num orfanato, onde abandonam as crianças, logo, elas devem se separar de seu nome próprio para se tornarem um número numa lista. O menino à minha frente deve ter pais, logo, uma linhagem, uma filiação a reivindicar e arvorar em letras de linha vermelha. Para mim, não, acabou-se. Fui morto ali, naquele dia, naquele momento. Pelo menos a criança em mim morreu e eu me tornei adulto repentinamente. Mais nada me assusta desde então, não temo nada mais devastador.

4

Mais tarde, descobrirei que 490 sou eu, sim, mas só para a lavanderia… Como sou dos que ficam muito tempo internados – com exceção dos verdadeiros órfãos… –, tenho de recorrer aos serviços de limpeza da casa. Neste mundo de imundice, de suor, de cheiros de meninos, de fedores de padres sujos, de gordura cheia de caspa, a lavanderia oferece um oásis de limpeza, de aromas suaves – de infância preservada.

Enquanto isso, descubro a máquina. Como todos os arranjos de poder, ela funciona com base na divisão e na hierarquia. Os seiscentos alunos pertencem cada um a um grupo e, neste, a um subgrupo com suas leis, suas regras, suas prerrogativas. Fratura cardeal: a raça dos senhores, mais os aprendizes, os ajudantes, os durões, os resistentes, os fortes, os futuros artesãos autônomos, santuário profissional; depois a raça dos sub-homens, dos intelectuais, dos bobocas do curso clássico, dos menininhas, dos mulherzinhas recitando suas declinações latinas, os célebres *intelectuais* de virilidade duvidosa – o cúmulo naquele ninho de padres pedófilos…

Uma luz para os segundos: a possibilidade, com o diploma do B.E.P.C.*, de participar da formação profissional dos primeiros. O homem completo mostra que distingue um acusativo de um ablativo, mas ao mesmo tempo excele no torno e na plaina. Ele poderia sucumbir à tentação das mangas engomadas e das mãos brancas, mas opta pelos cavacos ou pela limalha. No último conselho de classe, na *troisième***, duvidam da minha capacidade de obter o diploma, afastam definitivamente a possibilidade do *baccalauréat**** e me oferecem uma formação de torneiro fresador – que eu recuso, recebendo em troco uma bofetada da minha mãe. Meus pais compartilham a ideia de que um intelectual não serve para grande coisa, para não dizer para nada.

A máquina de poder também divide ao meio a parte do colégio de molde clássico: grande secundário (*quatrième*, *troisième*) e pequeno secundário (*sixième*, *cinquième*). Com tolerância para trotes, humilhações ou maldades de pré-adolescentes de em torno de quinze anos contra os "pequenos da *sixième*", os mais moços dos quais acabam de comemorar dez anos. Claro, as provações iniciáticas são efetuadas com a bênção dos padres.

As classes seguem a classificação alfabética: de A a C, para os menos bons. As primeiras são compostas, classes de bom nível que são, pelos melhores alunos para os professores da escola de tipo clássico. Mas não necessariamente para os padres, que dispõem de outra hierarquia. De uma dupla hierarquia, aliás: uma é a esportiva, a outra a musical. Porque os salesianos cultuam duas religiões: a de dom Bosco, em que se pode e se deve cantar, e a do futebol. Sou ateu nesses dois mundos...

Na escola de canto coral do orfanato, um padre fanático por futebol, originário de Saint-Brieuc, devoto do departamento de Mayenne – por causa do clube esportivo de Laval, creio eu... –, toca clarinete apesar de seu dedo mindinho com

---

* *Brevet d'études du premier cycle du second degré*, Diploma de estudos do primeiro ciclo do segundo grau. (N. do E.)
** Último ano do ciclo do colégio ou secundário, ciclo de orientação. (N. do E.)
*** Diploma que sanciona o fim dos estudos secundários e dá acesso ao ensino superior. (N. do E.)

o tendão cortado (responsável, pelo que ele diz, da sua incapacidade de ser o Jean-Christian Michel da sua geração). Outras vezes, ele baba numa melódica, um instrumento esquisito obtido pela graça de uma quimera genética que associa a gaita a um teclado de piano em miniatura.

Esse padreco barrigudo divide a humanidade dos alunos em duas: de um lado, os esportistas, apreciadores dos esportes coletivos, os de Mayenne, os sopraninos úteis a seus coros de missa, os alunos com os quais ele fala dos resultados de futebol, dos Jogos Olímpicos e outros jogos de circo; de outro, a escória da humanidade, todos os outros. Faço parte dessa lama, desses "intelectuais" que ficam lendo num canto em vez de comungar na transmissão das partidas de futebol pela tevê. Esse padre ensina o amor ao próximo no púlpito, depois expõe à luz do dia o mecanismo clássico de toda injustiça. Saúdo sua memória: sem querer, ele me mostrou bem depressa como é o arbítrio com o qual não sei compor.

5

A religião do esporte torna difícil a vida de todo ateu desse culto singular... Três professores dessa disciplina – diz-se "esporte" ou "ar livre", os pedagogos ainda não impuseram sua "educação física e esportiva" – arvoram agasalhos e calçados da moda. É a época do fluorescente: laranja, vermelhos vivos, azuis elétricos de três faixas. Um deles foi desafiante de Guy Drut, selecionado para os Jogos Olímpicos do México; o outro, um jogador de rúgbi de Toulouse, peludíssimo; o terceiro, um raquítico fragilizado pelo álcool, pelo cigarro, provavelmente também pela guerra da Argélia, que flutua num uniforme de *lycra* cor de café com leite. Faz tempo não flutua mais, morto antes da hora.

Disciplina rainha, o *cross*. As corridas, organizadas na floresta e no campo em torno do orfanato, proporcionam o exemplo típico da lei da selva: cronômetro na mão, bem agasalhados, os professores aguardam a passagem do rebanho. Uma vez na floresta, os grandes, os gordos, os mais velhos, os mais determinados empurram a cotoveladas os mais moços, os mais magros, os mais frágeis, para os espinheiros, o mato, o riacho. Os que vão na frente cospem virilmente; os que vão atrás levam a baba, a meleca e os escarros em plena cara.

Os mais treinados correm com calçados com sola de pregos. Os filhos das famílias mais ricas também, os outros se contentam com sapatos velhos que os levam para o fosso no primeiro barro. Alongando as passadas, lançando as pernas na boa direção, os maiorais, que causam admiração nos padres postados às vezes no percurso, ameaçam rasgar as pernas dos que os perseguem mais de perto. Escola da vida, amor ao próximo.

Uma vez por ano, oficializado o trote, os salesianos organizam as "24 horas de Le Mans". Uma prova rodeada de mistério. Os veteranos sabem; os calouros descobrem. Tiros de três ou quatro alunos atrelados com cordas correm como que disputando um *cross*. Nos pontos ditos de reabastecimento, cobertos de lama, molhados de suor, ofegando como cães, arrastados e xingados pelos mais rápidos do conjunto, os veteranos, ante o olhar zombeteiro dos salesianos, aguardam a passagem dos grupos, copiosamente encharcados com baldes de água fria. Escola do próximo, amor à vida.

Outra operação – ela teria deliciado uma Leni Riefenstahl baixo-normanda... – as Olimpíadas da quinta-feira da Ascensão. Todo o orfanato vive em função do esporte desde a noite de quarta, com uma abertura à luz de archotes na escuridão da noite campestre. Cada classe representa um país; as mães de família devem comprar camisetas com as cores da nação e bordar a bandeira nacional correspondente.

Desfile em formação, marcha marcial, grupos homogêneos, porta-estandartes escolhidos segundo os caprichos dos adultos, intermináveis séries de provas, chama olímpica portada pelos melhores (!), histerização dos padres que berram atrás das cercas para encorajar seus queridinhos, competições de salesianos também, exibindo suas pernas finas, branquelas, peludas, na cena esportiva, pódio, hinos, bandeira...

Tenho jeito para esportes, meus resultados são bons, especialmente como velocista, mas detesto essas comemorações masoquistas, esse elogio do esforço idiota, esse gosto pela competição em que os salesianos, reforçados pelo quadro docente laico, ensinam que "o importante é participar" – conforme a conhecida forma do fascista Pierre de Coubertin –, mas celebram apenas os vencedores. Fortes com os fracos, fracos com os fortes: vi nesses dias essa brutal lei da natureza ativada sem maquiagem.

No orfanato, aprecia-se o corpo sujo e emporcalhado, mortificado, alquebrado, cansado, esgotado. Os padres não se destacam pela limpeza. Roupas manchadas, furadas, remendadas, calçados gastos, manchas de gordura por toda parte, brilho de sujeira nos cotovelos, nas mangas, cheiros suspeitos, unhas imundas. O sangue, o suor, as lágrimas, virtudes guerreiras do esporte entendido como convém, completam o panorama. Quem não compartilha desse gosto em humilhar a carne e de outras modalidades do ódio a si mesmo passa por um mulherzinha. Insulto máximo.

6

A agenda comporta pelo menos uma hora diária de esporte. Quando se acrescenta "ar livre" – nem sempre percebo a diferença... –, pode-se ter de suportar até três horas de atividades físicas no mesmo dia. Mesmo assim, chuveiro só uma vez por semana. Sem derrogação. Quinta-feira, dia de folga na época. Um *cross* de que se volta imundo na sexta? Não importa: chuveiro na semana seguinte.

Os chuveiros, justamente, estão num subsolo de cimento bruto. O pequeno habitáculo individual se compõe de um estrado de madeira no chão, um banco sumário, um chuveiro, uma porta de madeira pintada de verde abrindo como as de um *saloon* do faroeste: uma porta de vaivém simbólica, sem alto, sem baixo, útil para que o padre sabujo espie nos vapores-d'água o corpo grácil deste ou daquele.

Na entrada aguardamos de cueca, um atrás do outro, toalha e apetrechos de banho na mão. O padre Brillon administra o fluxo, logo o tempo. Nem pensar em prazer do banho, na satisfação de limpar o corpo, logo a alma. Não há ocasião para experimentar a alegria de ficar um pouco a sós, sob a névoa quente, longe do mundo, totalmente entregue a si sob essa chuva purificadora pessoal. O prazer da limpeza? Um pecado. Uma mania de mulherzinha.

Tudo funciona na linha-dura. Cada um espera a sua vez sem recriminar; entra com presteza; lava-se depressa; sai quase em seguida; dá o fora; cede o lugar ao seguinte. Depois, vai-se para um porão com respiradouros que arrastam pelos subsolos cimentados nossos odores de cães molhados assistir a uma hora de televisão – *Zorro* na época... Enquanto isso, os alunos de castigo fazem seus deveres.

Técnica do padre: quando cada um se encontra em seu divertículo, ele anuncia o procedimento: molhar-se no chuveiro, sair dele, ensaboar-se, voltar sob a água, tirar o sabão, sair imediatamente, enxugar-se, sair dali, mesmo que esteja com o corpo ainda escorrendo. Principalmente com o corpo escorrendo. No comando da maquinaria, ele manda aos berros sair da chuva de água quente. Ai de quem não obedecer instantaneamente, porque ele abre a torneira de água fervendo. Com a ajuda de Pavlov, o banho de chuveiro coletivo nunca ultrapassa o tempo programado...

Num dia de terror, costumeiro das cóleras homéricas, histérico como o diabo, o padre Brillon descobre no chão de um chuveiro um cocô delicadamente depositado. Todos teriam se volatilizado para evitar a fúria do salesiano. Creio que o coprófilo ocasional incorporou de tal modo a morte do indivíduo e a prevalência da comunidade nesse orfanato que deve ter imaginado que a defecação, *como o resto*, obedeceria agora às leis da comunidade.

7

Onde e quando resta um espaço para usufruir calmamente de um pouco de si? Depois do apagar das luzes, no dormitório. Mas lá também o espaço vital é restrito. Uma cama, um cobertor escocês vermelho ou verde alternando entre uma cama e outra num dormitório de cento e vinte pessoas, um pequeno armário com uma gaveta e uma porta. Eis toda a riqueza. O necessário e os tesouros estão ali dentro.

Bem mais tarde descobrirei que minha mãe manda interceptar as cartas da minha namorada, uma parisiense que passava as férias de verão na minha aldeia. Não recebo correspondência, salvo uma vez, uma carta do meu pai anunciando a hospitalização da minha mãe em consequência de um desastre de automóvel, que fez um morto, o motorista, e uma louca, a outra passageira. (Um interno que voltara de Chambois, uma segunda de manhã, me informara que minha mãe tinha morrido nesse desastre, antes que a direção, à qual eu pedira que confirmasse a notícia, se informasse e depois a desmentisse – uma ou duas horas depois...) Nesses quatro anos não tive outro tesouro além de um cartão com a fotografia do meu irmãozinho desdentado, que havia escrito no verso uma frasezinha de amor fraterno. Mais tarde, no dia de são Miguel, meus pais me deram de presente um conjunto para correspondência...

Únicos tesouros, os livros da biblioteca do dormitório. Literatura edificante, claro, ou romances de aventura ordinários – eu me lembro de um personagem insosso chamado Bob Morane... –, ou mesmo alguns clássicos. A professora laica de francês nos deu para ler um texto de Flaubert, um *Salambô* magnífico e mirífico que me oferecia Cartago para tirar férias de Giel. O Oriente no orfanato.

Limpos, pois lavados precariamente com água gelada nas pias, diante dos espelhos enfileirados, de pijama, na cama, o tempo que precede ao apagar das luzes proporciona uma real amenidade. Atmosfera silenciosa, cochichos às vezes tolerados, repreendidos no caso de alguns, castigados no de outros. Odores de sabonete e de dentifrício. Às vezes música clássica difundida baixinho. E os livros, o livro.

Feliz das histórias com as quais temos encontro marcado o dia inteiro: *O homem e o mar* foi para mim um deflagrador da escrita. Encomendei no "almoxarifado", como dizíamos, a Mr. Natural – um anão gorducho vestido com um grande guarda-pó cintado de cor cinza –, um caderno amarelo que enchi com uma ficção que, por falar de um cavalo abandonado e batido pelo dono (!), hoje creio que era provavelmente autobiográfica!

Uma vez apagadas as luzes, o padre faz a ronda. O facho luminoso de uma lanterna lhe permite pedir às vezes que alguém ponha as mãos não *debaixo* mas *em cima* das cobertas; de vez em quando, ele se senta no pé de uma cama, pertinho do corpo de um garoto petrificado, que contém a respiração, e percorre seu breviário à luz da lanterna; outras vezes, o barulho de um invólucro de bala ou de bombom atrai o salesiano, que pega a sua parte e acrescenta, sentencioso: "É melhor quando é dividido..."

Continuando seu giro, ele se movimenta entre os roncos, os suspiros, os sonhos, o sono que não vem, o ruído dos corpos que se viram nos colchões cansados, fazendo ranger as molas dos somiês metálicos. O feltro dos seus chinelos desliza no chão. Ele abre a porta do seu reduto, se tranca. Ouço o barulho do cotidiano da sua vida estreita, percebo as sombras de sua minúscula movimentação. Choro.

8

O dormitório não desfruta de uma total extraterritorialidade existencial. O tempo mais lento, o ritmo mais ameno, a vida mais tranquila não impedem às vezes bruscos e injustificáveis acessos de histeria dos salesianos e a tentação infernal sempre emboscada. Os poucos bedéis vindos do mundo laico não ficam para trás e também se refinam na perversão. Vencendo sem perigo, etc.*

O que motiva o extravasamento de violência sempre trai o pretexto. Assombrados, petrificados, não compreendemos por que uma palavra cochichada depois de apagadas as luzes, entre dois vizinhos de cama, desencadeie a fúria do padre. Ele é capaz então de acender as luzes, gritar, vociferar, berrar, mandar todo o mundo sair da cama, arrancar os cobertores, olhos injetados, movimentos incoativos dos braços, maxilares cerrados, músculos das faces fremindo de energia negativa, alternando com as ordens cuspidas. No inverno, pelo motivo fútil de uma conversa em voz baixa, como os *culpados* não se en-

---

* Verso de Corneille, em *O Cid*: "Vencendo sem perigo, triunfa-se sem glória." (N. do T.)

tregam, todo o dormitório se vê ao relento. Cento e vinte meninos de pijama na noite negra, a luz azul da lua colorindo as placas de neve que permaneceram no pátio. O padre envolto em sua peliça nos deixa plantados de pé à espera da delação que não vem.

Para não se desmoralizar, o padre Brillon leva todo o mundo para a sala e obriga todas as crianças tiritantes a fazer deveres, copiar linhas e mais linhas, decorar poemas em tempo recorde, escolhe falsamente ao acaso uma vítima propiciatória a quem pede para recitar os versos. O destino do grupo depende então desse bode expiatório. Escolhendo o indivíduo apropriado, é fácil aumentar o tempo de castigo até uma hora avançada da noite ou abreviar a cena histérica.

Outra vez, o canto de um grilo no meio da noite reativa a loucura furiosa do mesmo padre. Prisioneiros que encarceram, temos o costume de hospedar em nossas caixas de giz esvaziadas de seu conteúdo grilos, besouros ou cobrinhas. Numa hora provavelmente indevida, os élitros estridulam e acordam o salesiano. Mesmo roteiro de antes. Só o queridinho do padre *gay* que dá aula de música fica na cama – por motivo médico, afirma, cúmplice, o sabujo excitado.

Não lembro mais o que fez de mim, certa noite, a vítima eleita. Provavelmente um pretexto útil para canalizar a libido perversa desses adultos, enjaulados com seus pares teoricamente abstinentes. O bedel que aspirava entrar na grande família salesiana – um auxiliar – me intimou a ir buscar serragem na oficina de marcenaria situada na extremidade do orfanato, no confim com os campos, não longe do cemitério do estabelecimento.

Tão valente quanto o Foguinho de Jules Renard, enfrento os ruídos da noite, os voos súbitos das aves noturnas, o vento tempestuoso nos galhos das árvores que estalam, as batidas de janelas mal fechadas, os ratos que saem em disparada das latas de lixo dos refeitórios amontoadas do lado de fora. O que mais temo é encontrar um padre pedófilo – três ou quatro no estabelecimento.

Volto correndo da oficina, perdendo no caminho a serragem que voava na noite, temo chegar com as mãos vazias ao dormitório. Chinelos e pijama cobertos com o pó de madeira, trêmulo de frio, entrego o butim exigido. O aprendiz de padre, inspetor trocista, me diz sorrindo: "Muito bem, agora leve de volta para onde você pegou." Uma vez lá fora, jogo o que sobra de serragem na lata de lixo do refeitório e fico um tempo debaixo da escada de concreto, esperando um prazo crível para retornar.

De volta, absolvido de uma falta que não cometera, experimentando a injustiça deliberadamente infligida pelos que teoricamente nos convidavam à justiça, naquela noite não chorei. Cerrando os dentes, jurando nunca mais esquecer, prometi a mim mesmo nunca mais chorar. Somente o sofrimento ou a morte de pessoas que amo me faz derramar lágrimas hoje em dia. Guardo minha cólera intacta, sem ódio, sem ressentimento, sem rancor, mas disponível para os que não têm meios de recorrer a ela, demasiado destruídos pelos brutos.

9

Não é preciso ser justo, o terror proporciona por si só um modo de governo: "para sermos obedecidos, primeiro sejamos temidos", pensa a França antes de Maio de 68. Os padres salesianos também. Donde essa lógica de terror, de arbítrio, de permanente imanência da catástrofe: a culpa está em toda parte, inclusive onde não está. A punição pode cair do céu, injusta, soberana, arbitrária, caprichosa.

Para manter o temor, um sistema bem azeitado permite instalar uma espada de Dâmocles sobre a cabeça de cada um dos *órfãos*. Trabalho e disciplina, eis os itens punitivos. Cada relaxamento nos resultados ou no esforço, o menor desrespeito aos regulamentos escritos e não escritos podem acarretar o desencadeamento de um processo de controle e de punição: no absoluto, cada um dispõe por semana de uma nota para os dois domínios em questão.

Um sistema de cartões de cores diferentes – do branco básico ao amarelo catastrófico, passando pelo salmão que já custa caro – serve para tirar dois, quatro ou seis pontos numa nota ou noutra. Simultaneamente, um cartão de honra, verde, cortado em outro formato, ao comprido, credita na conta um ponto de bônus.

A chuva de cartões cai torrencialmente com uma péssima professora de alemão, sobre a qual descarregamos nossos nervos. Ela tem crises com um gravador que também se recusa a lhe obedecer. A tempestade também é ameaçadora com uma professora de inglês que nos ensina intermináveis listas de vocabulário. A semana do tema "viticultura" nos obriga a dominar enologia, aduelas, retro-olfação, levedos, fermentação, botrítis. Uns quarenta termos para aprender, uma prova de vinte palavras, menos de quinze, reprovado – cartão amarelo. Na semana do corpo sabemos dizer tarso, metatarso, colédoco, traqueia, pâncreas, na língua de Shakespeare com sotaque do falecido Yasser Arafat... Continuo sem saber perguntar pela minha rua em Londres.

Solenemente, o diretor do orfanato reúne o colégio na sala de estudos. Todas as semanas ele passa em revista o caso de cada um, anuncia as notas, depois comenta – entre felicitações e sabões... Inferior a cinco em estudo ou em disciplina, castigo. Privação de televisão, copiar linhas e mais linhas, aprender poemas, fazer redações ou exercícios apropriados conforme o pedido do professor que castiga, mas também retenções no fim de semana, ou mesmo por vários fins de semana seguidos. Nesse jogo, não há heróis. Nada justifica pôr em risco sair um pouco daquela masmorra.

10

A disciplina não se restringe ao dispositivo de cartões. Seria simples demais. Mais expeditiva, ela passa às vezes pelas sevícias físicas: violentos pontapés nas nádegas aplicados por um padre que solta toda a força da sua botina no traseiro de um aluno lerdo demais, capaz de deixar o cóccix do garoto doendo vários dias; tapas de deslocar o pescoço violentamente assentados na parte de trás da cabeça; agarramento brutal de um recalcitrante pelo braço e sacudida em regra, capaz de destroncar o ombro; bofetadas ministradas depois de ter tomado o cuidado de virar o anel; esses adultos afetivamente imaturos não conhecem sua força e só sabem se dirigir ao corpo de modo brutal.

O refeitório não deve dar ensejo a regozijos. Come-se para ingerir a dose de calorias, não pelo prazer de comer. As senhoras que servem, vindas da aldeia vizinha, parecem saídas de um filme de Fellini. Uma manca a ponto de se temer, a cada passo seu, que caia de lado; outra arvora um bigode de pedreiro português; a terceira, apertada num avental de *nylon* azul, transborda de gordura. Pouco provável que os salesianos quebrem com elas seus votos de castidade. Para aqueles cuja libido trabalha demais, um garoto basta.

A disciplina está presente sempre, o tempo todo, sem descanso, sem trégua. Não há um segundo sem um cheiro de terror. Entrada no refeitório em silêncio; senta-se ao receber a ordem de sentar; não se fala enquanto não é dada autorização – às vezes, ela é imediata, outras demora, unicamente por capricho; para fazer a garotada se calar, o padre de serviço bate duas palmas; todos obedecem imediatamente; uma palavra cochichada significa um tapa brutal na cabeça ou uma bofetada; um estalo de dedos, e os garotos colocam os talheres no recipiente de plástico branco, furado, riscado e engordurado posto na mesa; novo estalo de dedos, e os garotos se levantam; outro estalo, e se dirigem em silêncio para a sala de estudos.

Uma noite, um de nós se recusa a tomar a sopa de tomate com *vermicelli*. Sangue de boi e vermes... Evidentemente, o mesmo prato serve para toda a refeição. Não tomar a sopa é não comer mais nada. O castigo poderia bastar... O padre intima-o a engolir o caldo vermelho, recusa, reiteração, nova recusa: o padre é tomado então por uma cólera indescritível, agarra o menino pelos cabelos, derruba-o, a cadeira cai, o padre berra desferindo uma saraivada de pontapés com seus sapatões, atravessa sob a violência dos choques o refeitório inteiramente paralisado num silêncio de morte. O garoto tomba debaixo de uma pia, gemendo como um bichinho, com pequenos ganidos na garganta. No chão, o sangue do menino escorreu e deixou um rastro como vejo às vezes na salsicharia da minha aldeia depois que matam um porco. A refeição termina sem que ninguém ouse voltar a falar. A matéria desse silêncio ainda está na minha cabeça.

11

E, mais grave que os cartões amarelo ou salmão, mais temível que as pancadas, o arsenal disciplinar também conta com a lei do silêncio que cerca então a pederastia. Na época, ninguém dá crédito a quem leve ao conhecimento dos adultos, dos pais, por exemplo, que este ou aquele padre bolina os garotinhos. Ouve-se a resposta – como eu mesmo ouvi: "Um homem que deu sua vida a Deus e faz voto de castidade nunca pode agir assim." Pode sim...

Um ensina trabalho manual. Todos admiram sua destreza e sua competência: onde quebramos uma porção de lâminas de serra, furamos os pratos com um movimento de goiva demasiado ardente, carregamos de estanho a solda de um perfil de virgem de metal, sujamos de cola duas peças de madeira ou calcinamos no pirógrafo um desenho de esquilo na face inferior de um prato, ele faz o gesto correto que salva o trabalho de mais de um para o dia das mães...

Ao mesmo tempo, o resgate do trabalho é pago com um óbolo singular: a pretexto de ensinar o gesto exato, ele se instala atrás do menino, pede que ponha a mão sobre a sua a fim de memorizar o movimento e aproveita a ocasião, que faz durar bastante, para se esfregar nas costas e na bunda do garoto imprensado contra a bancada. O ritmo dos seus gestos corresponde ao de uma masturbação.

Outro ensina música. Varapau frequentemente acompanhado da gralha Coco, mascote do orfanato, passeia sua silhueta desengonçada pela parte do edifício em que dá aulas de música. Uma espécie de Professor Girassol, sua mesa quase desaba sob os fios elétricos, os ferros de soldar, as ferramentas, os papéis, os projetos de montagem. Ratos ou camundongos giram numa gaiola. Meias no chão, sujeira, fedor.

Deve-se a ele a construção de cabo a rabo de um verdadeiro aparelho de som estereofônico – solda dos componentes, ligações e até mesmo a transformação de uma lata de conserva em fachada de amplificador. Ele requisitou as caixas de acondicionamento de ovos na cozinha para atapetar a sala de música, transformada assim em auditório improvisado. Uma árvore grande no barranco em frente filtra o sol primaveril, encarrega-se das cores do outono, serve de poleiro aos pássaros no inverno.

Nesse lugar afastado da escola, ele nos faz ouvir *Pacific 231*, de Arthur Honegger, e conta os eixos, os truques dos vagões, o vapor; com *Sherazade*, ele nos transporta ao Oriente, idem com *Nas estepes da Ásia central*; mima *O aprendiz de feiticeiro*, de Paul Dukas, dá uma aula de geografia com *O Moldava*, de Smetana. Momentos sublimes, tanto quanto as horas de leitura. A arte me provava que, se o mundo dos vivos é um inferno, também contém paraísos.

Em compensação, ele nos inflige aulas de flauta e manda tocar *À la claire fontaine*... Nesses momentos, ele pede ao primeiro da fila que venha ocupar o último lugar. Todos sabem o que isso quer dizer. Enquanto nos concentramos na partitura e no manejo do instrumento, ele acaricia a cabeça de um ou outro, passa a mão no pescoço, desliza-a de vez em quando dentro da gola, provocando às vezes o erro do músico aprendiz estrangulado pela camisa e aterrorizado pela bolinação.

O mesmo padre se encarrega das atividades de canoagem das tardes de domingo. Seguindo a boa lógica, só são admitidos os internos que sabem nadar. A água do Orne é gelada, pura, limpa, límpida, veem-se no fundo as oscilações de compridas algas, cabeleiras verdes, castanhas de ondinas *vikings*. O leito do rio é largo, a profundidade considerável.

Uma exceção: um de nós participa da atividade mesmo não sabendo nadar, contanto que acompanhe o padre em sua embarcação. Quando o salesiano desafia o grupo para uma corrida até a ponte do Orne, deflagra uma fúria de remadas, cada um querendo chegar primeiro debaixo da construção de ferro. Enquanto isso, o padre manobra habilmente, entra no meio dos caniços com sua vítima, durante o tempo que lhe é necessário para uma sexualidade com o garoto, que confessa sem vergonha, um pouco tolinho, que ele "lhe fez cócegas"...

Na noite do grilo, o único poupado, que ficou na cama por motivos médicos, foi esse.

Um terceiro padre também pratica com os garotinhos. No orfanato, ele tem um estatuto prático, por sua função de chefe de disciplina – ainda não se dizia *conseiller d'éducation*... Todas as crianças expulsas da sala sabem que ele passa regularmente pelos corredores e as leva, pois detém a possibilidade de suspender as represálias professorais empregando os meios adequados. Ninguém deseja ir parar na sua sala.

Duas palavras também sobre o salesiano encarregado da enfermaria, para onde ninguém corre, e com razão: qualquer dorzinha de cabeça vale para quem o procura ter imediatamente a calça abaixada e ser bolinado. Com as calças caídas sobre os sapatos, se protesta observando que não é ali que dói, ouve em resposta que as complicações se escondem em toda parte! Depois, o apalpador de sacos declara, indiferente, que está na hora de voltar para a sala de aula e paga tudo avarentamente com um comprimido de aspirina. Fiquei com minhas dores de cabeça para mim...

12

A disciplina, os castigos, o lícito, o ilícito, o bem, o mal, a falta, vivíamos em permanência nessa atmosfera. O estudo também transcorre no temor: o mau resultado obtido, não por falta de esforço mas por falta de inteligência, também é submetido à lei da nota semanal, depois punido.

O padre espancador do refeitório também dá aulas de francês, com métodos extravagantes. No inverno, escancara as janelas, nos convida a recitar poemas, a respirar fundo, girar os braços longamente, pular as pastas, girar no sentido das agulhas do relógio na sala de aulas que acolhe uma centena de alunos, no volume habitual.

Movido por não sei que preocupação pedagógica – provavelmente efeito de 68... –, bolou um sistema de aulas gravadas em seu pequeno gravador de cassete atravessado por fios elétricos, com caixas de conexão e de extensão feitas por ele mesmo. A gravação chia, as conexões defeituosas abundam e, como se não bastasse, os pequeninos fones de ouvido aglutinam montes de cera provenientes dos pares de orelhas das classes vizinhas...

O mesmo padre prende com pregadores em fios de *nylon* esticados na sala imagens recortadas de *Le pèlerin* ou de *La Vie catholique*. Todos temem o acaso que o leva a designar um de nós para improvisar sobre aqueles clichês. Um aluno que mata aula pode ser repreendido ou compadecido, mas também pode desencadear uma crise tremenda, sem saber quando nem por que ela se manifesta.

Um outro, professor de matemática, perde dia após dia todo o seu sistema piloso, inclusive cílios e sobrancelhas. Primeiro uma pelada grande como um solidéu de monge, tingida com uma espécie de extrato de nogueira por motivos estéticos, depois uma peruca que um corpo a corpo com um aluno fez voar um belo dia, deixando a cabeça do homem nua como um par de nádegas.

Ele tem a mania de pigarrear, fazer o catarro subir à boca, mastigá-lo como ostras, inflar as bochechas, depois engoli-lo de novo como se fosse um grande vinho de Bordeaux. Do ponto mais distante em que se pode ouvi-lo no comprido corredor, inicia sua prova escrita com um sonoro: "Meia folha, primeira pergunta." Segue a pergunta – depois duas, três. Enquanto isso, ele estica o passo, exige respostas breves, entra na sala dizendo: "Entreguem as folhas." De novo, os lerdos podem um dia escapar da sua vindita, e outro deflagrar uma daquelas crises que lhe são familiares.

13

As primeiras preces são ditas de manhã, em jejum, uma meia hora; depois, no fim do dia, outra meia hora seguida pela "palavra da noite", momento de edificação pessoal, de comentário da atualidade, ocasião para orar pela grande comunidade dos ex-alunos – devo ser beneficiado por ela há mais de trinta anos, as intenções são coletivas... –, ou mesmo leitura de um fragmento da única literatura praticada pelos salesianos mais intelectualizados: *Seleções do Reader's digest*. Na época, leio tudo o que me cai nas mãos, *Seleções* também.

O padre Moal, clarinetista contrariado, se encarrega dessa operação noturna. Ele não ignora que sou totalmente indiferente ao canto e ao esporte e que, em compensação, leio tanto quanto posso durante as exultações das tais diversões coletivas. Li Jean Rostand – a quem naquele tempo mandei uma carta que não teve resposta... – e quis ser biólogo, tomando então seu lero-lero filosófico por biologia.

Minha paixão declarada pelas atividades do velho cientista de Ville-d'Avray, que me levou a escolher o curso científico, me valeu os agradáveis trabalhos do curso de ciências naturais: urinar nos tubos de ensaio para medir a albumina, decapitar rãs com uma tesoura enferrujada para examinar a inutilidade do cérebro nos reflexos, passar ácido nas coxas agitadas da coitada...

Esse padre não gosta de "intelectuais", como ele diz... Durante uma das "palavras da noite", na frente de todos os meus colegas, ele lê um trecho daquela revista medíocre e me pergunta o nome do autor da frase que acaba de citar. Por sorte eu tinha lido essa passagem algum tempo antes e pude responder – tratava-se de Teilhard de Chardin e de um texto sobre a partenogênese (dos batráquios, mas os padres, cheios de si, a extrapolam à Virgem Maria!). O especialista em amor ao próximo não insistiu – a bofetada saiu pela culatra.

Outra vez, um ex-aluno nos é apresentado como modelo do sucesso retumbante: agora vendedor de carros, chegou ao volante de um Renault 15 rutilante, amarelo-canário, modelo inédito, teve a honra da "palavra da noite", na qual celebrou as virtudes do orfanato, dos seus padres, da sua formação, etc. Na mesma época, a escola organizava uma viagem à Inglaterra; ele se propôs a oferecer seu lugar a um de nós que não podia ir por causa da pobreza dos pais, contanto que *merecesse*.

Ignora-se o critério desse mérito, mas viu-se a que aluno ele coube. Não foram nem meus quatro companheiros de infortúnio nem eu, que ficamos sozinhos no orfanato enquanto todos os outros partiam de ônibus para a viagem. Como os salesianos não haviam previsto aquele punhado de detritos sociais que ficaram, se esqueceram até de prever um jantar para aquela noite...

14
Domingo no orfanato, o torniquete se afrouxa imperceptivelmente. Uma trégua nas violências... Um pouco mais de brandura, de atenções, um tempo mais lento, mais comprido também. A ordem persiste, claro, mas percebe-se mais a luva de pelica do que a mão de ferro. Essas durações mais fluidas começam sábado no fim da tarde consagrada à educação religiosa. As famílias chegam num vaivém de carros, olhares cruéis das crianças para os pais dos outros. O olhar das crianças? Uma selva na selva.

Os ônibus complicam a movimentação no pátio. Na minha primeira saída, experimento a selvageria das hordas movidas pelo cérebro reptiliano. Minha carcaça de dez anos não é nada perto do corpo dos adolescentes do curso técnico que tomam o ônibus de assalto. Lembrança de ter lançado minha mala por cima de todas as cabeças e ter pensado que não viajaria de pé. Tristeza de ter precisado jogar meu corpinho na massa fedorenta e musculosa dos internos. Viajo sentado.

Nos dias de saída, ver os outros saírem dá vontade de berrar, depois de soluçar como um bichinho ferido. Desejo regressivo de se refugiar num canto, de se encolher, de se pôr em posição fetal e esperar apodrecendo em sua urina e em suas matérias fecais um hipotético fim do mundo capaz de abolir esse pesadelo. Eu me sinto um cão sarnento apodrecendo em seu antro.

Provavelmente a par do que representa para o *órfão* ver um punhado de seus semelhantes saírem – menos órfãos portanto... –, nossos professores parecem relaxar a tensão. Amabilidade de canil, atenções humilhantes. Os xaropes de menta e de romã nas garrafas sofisticam a água; o refrigerante amarelo ou laranja no domingo; as sessões de projeção de *Tintim* em placas de vidro com comentários exagerados do salesiano de turno, que lê o texto numa ficha à luz da sua lanterna. Essas histórias de Tintim na lua são de uma idiotice de chorar. Trago na garganta soluços engolidos há séculos.

XXXVIII
A POTÊNCIA DE EXISTIR

Missa domingo de manhã. Saio sempre da capela com a clara consciência de não acreditar um segundo naquelas besteiras. Os padres não fazem de mim o incréu que já sou; em compensação, como ateu de nascença, encontro no espetáculo dado por eles matéria para fortalecer meu juízo sobre seus fracassos existenciais. Piedade de criança por adultos inacabados.

Quando estou na minha aldeia natal, tenho de pedir para o padre da paróquia assinar um papel atestando que fui à missa. Não demoro a imitar a assinatura e fumo os cigarros do meu pai sob o telheiro do lavadouro municipal a dois passos de casa. Às vezes, leio empoleirado no galho de uma árvore que se estende sobre o rio. Os sinos marcam a hora de voltar para casa...

Quando da minha primeira saída, vou com meu irmãozinho colher castanhas, e o ângelus que soa desencadeia em mim uma crise de lágrimas. Tenho a impressão de que estou sobrando e que melhor seria se não tivesse nascido. Experimento a facticidade consumindo-me subitamente por uma espécie de fogo negro que me pulverizaria deixando como vestígio apenas um cheiro de morte.

O fim do almoço dominical assinala o início da contagem regressiva para o abismo. (Lembro-me de uma vez que minha mãe me culpou pelo custo de um almoço de domingo já pago ao internato...) O colapso das horas começa. O amanhã já parasita o instante; a ideia da segunda-feira deteriora a realidade do domingo; a perspectiva do inferno por vir calcina o momento presente. Não passo de uma chaga viva que cada segundo fere mais profundamente.

A manhã de segunda tem a cor amarelo-lampião da lâmpada elétrica do cômodo único em que vivemos meus pais, meu irmão e eu – dezessete metros quadrados, um só quarto idêntico no andar de cima. Quantas voltas ao orfanato? Não sei mais. Quatro anos, quatro invernos perpétuos, quatro vezes 252 dias de gelo e de fel, mil dias diante do cadáver decomposto da minha infância. Aos catorze anos, eu tinha mil anos – e a eternidade atrás de mim.

15
　Bobette e Coco, a cadela e a gralha, morreram; o coitado do Fernand também; o padre Moal idem, fulminado por um infarto na areia de uma praia à beira do canal da Mancha; o professor de trabalhos manuais deixou a ordem salesiana, ouvi dizer que se casou e constituiu família, fez bem; não tenho notícia dos pedófilos – o melômano, o chefe de disciplina –; o enfermeiro jaz sob a terra no cemitério da escola; um dos professores de esporte se tornou meu amigo; sua mulher, que me passava a tesoura no laboratório para tirar o cérebro das rãs também, não perde nenhum dos meus cursos na Universidade Popular de Caen; o padre espancador está aposentado, em mau estado pelo que me disseram; o salesiano de cabeça pelada como um traseiro sai sem peruca; conversamos uma vez ou duas, ele acha que fantasio, ele é que tem memória curta, patologia sem remédio.
　Não quero mal a nenhuma daquelas pessoas. Ao contrário, tenho até dó de todas essas marionetes num palco grande demais para seus destinos miúdos. Pobres coitados, vítimas que se tornaram carrascos para tentar não acreditar que eram joguetes do *fatum*. O orfanato, eu sei, matou alguns que nunca se recuperaram dele, moídos, quebrados, destruídos. Também fabricou engrenagens dóceis para a máquina social, bons maridos, bons pais, bons trabalhadores, bons cidadãos, provavelmente bons fiéis.
　Descobri um dia com minha mãe, na repartição da Assistência Pública onde eu a acompanhei para que ela soubesse quem era a sua própria mãe, que fora abandonada ao mesmo tempo que o irmão, internado no... orfanato de Giel. Tenho o dever, sabendo o que sei, de contribuir para a paz de minha mãe, de alma intranquila. Só crescemos efetivamente oferecendo aos que soltaram os cachorros contra nós, sem saber o que faziam, o gesto de paz necessário a uma vida além do ressentimento – que requer um enorme desperdício de energia. A magnanimidade é uma virtude de adulto.
　Para não morrer por causa dos homens e da sua negatividade, houve para mim os livros, depois a música, enfim as

artes e sobretudo a filosofia. A escrita coroou o todo. Trinta livros depois, tenho a impressão de ter de condensar minha palavra. Este prefácio dá as chaves, as páginas que se seguem procedem de todas as minhas obras que, cada uma delas, decorrem de uma operação de sobrevivência efetuada desde o orfanato. Sereno, sem ódio, ignorando o desprezo, longe de todo desejo de vingança, ileso de qualquer rancor, informado sobre a formidável potência das paixões tristes, não quero nada mais que a cultura e a expansão dessa "potência de existir" – segundo a feliz fórmula de Espinosa encastoada como um diamante na sua *Ética*. Somente a arte codificada dessa "potência de existir" cura das dores passadas, presentes e por vir.

1º de novembro de 2005.

primeira parte
UM MÉTODO ALTERNATIVO

I
UMA VIA LATERAL FILOSÓFICA

1
Uma historiografia dominante
O pensamento mágico trabalha a historiografia clássica da filosofia. Estranhamente, os apóstolos da razão pura e da dedução transcendental comungam na mitologia que criam e, depois, reproduzem abundantemente ensinando, redigindo artigos, lecionando, escrevendo, publicando fábulas que, de tanto serem repetidas, se tornam verdades e palavra de evangelho. O saque, a citação mascarada, a regurgitação conceitual da gororoba alheia e outras delícias da corporação fazem girar o mundo dos redatores de enciclopédia, dos conceptores de vocabulário e autores de história da filosofia e de manuais para o ensino médio.

A comparação das produções nesse domínio revela uma uniformização espantosa: mesmos verbetes, mesmos textos dos mesmos autores, mesmos conteúdos nos artigos biográficos dos manuais, às vezes até a mesma iconografia... As enciclopédias muitas vezes são constituídas pirateando artigos de obras que o editor diz pretender superar e que o autor, pago a preço vil, despacha rapidinho atualizando a bibliografia na qual não se esquece de acrescentar remissões a seus opúsculos e artigos confidenciais. De livro a livro, reproduzem-se os mitos sem nunca os pôr em dúvida uma só vez.

Dentre essas fábulas que se tornaram certezas admiráveis, a seguinte ideia: a filosofia nasce no século VII a.C., na

Grécia, com alguns indivíduos denominados pré-socráticos. Essa simples frase contém três erros: um de data, um de local, um de nome. Porque, muito antes dessa data, lembremos a Suméria, Assur, Babilônia, Egito, Índia, China e outros bárbaros, do ponto de vista dos gregos. Quanto aos pré-socráticos, é um conceito-ônibus utilíssimo para evitar um exame minucioso.

Com efeito, o que diz a própria palavra? Ela parece, verdadeiramente, caracterizar um momento situado antes de Sócrates. Tomemos portanto sua data de nascimento: cerca de 469. Ou da sua morte: 399. Ou ainda a do seu apogeu: por volta de 350. Segundo a boa lógica, pode ser chamado de *présocrático* um acontecimento – Tales caindo no poço –, um livro – o poema *Da natureza*, de Empédocles –, um filósofo – Heráclito, Parmênides, Demócrito –, um pensamento – o atomismo abderita –, um conceito – o Uno de Parmênides –, anteriores a uma dessas datas. No pior dos casos, e para contar com folga, nada do que se segue à morte do mestre de Platão deveria ser dito pré-socrático...

Como então compreender a integração de Demócrito nessa constelação em que se encontram lado a lado, séculos a fio, materialistas absolutos e idealistas completos, atomistas e espiritualistas, partidários do mito e seguidores da razão, geógrafos e matemáticos, milésios e jônios, entre tantas outras divergências? Melhor: como explicar que o filósofo de Abdera possa ser o pré-socrático cujo *corpus* salvaguardado é o mais vasto, sabendo que certas estimativas permitem fazer dele um quase contemporâneo de nascimento de Sócrates e que ele morreu três décadas depois deste? Por que então esse erro flagrante – avalizado e não corrigido por Jean-Paul Dumont na sua edição da Pléiade?

Outra fábula: o nascimento branco, europeu, da filosofia. É evidente que reconhecer uma filiação nos bárbaros, confessar uma genealogia dessa genealogia mágica supõe o reconhecimento de amarelos, negros, mestiços. Nada de muito imaculado entre esses racistas que são os gregos, que apreciam tão pouco a democracia... Outro lugar-comum: os gregos inventores da democracia! Logo eles, que celebram a linhagem pura, legitimação exclusiva para qualquer participação na vida da cidade. Mulheres, metecos, estrangeiros domiciliados, brancos não nascidos de raça pura ficam de fora dessa célebre democracia – resumida somente à cidade de Atenas.

O Logos cai do céu, milagre grego... O que dizer das viagens de Pitágoras ao Egito e dos saberes e sabedorias descobertos aí? O que dizer das expedições do próprio Demócrito à Pérsia, à terra dos indianos, dos etíopes e dos egípcios? O que dizer dos encontros com os astrônomos caldeus, com os magos persas, com os gimnosofistas indianos, tanto na terra deles como quando da passagem deles pela Grécia? A pureza branca grega despreza as misturas de homens e de ideias! A impureza cosmopolita construída com bárbaros desempenhando um papel determinante? Nem pensar...

No reino da filosofia oficial, as fábulas triunfam. Não se questionam os produtos da historiografia dominante. Como, aliás, seria possível, se a historiografia nunca é ensinada no *corpus* dos estudos de filosofia? Em nenhum lugar se consagra algum tempo a essa fabricação: não se filosofa sobre a construção das urdiduras da história da filosofia. Por que aparar as arestas e forçar o diverso a entrar em formas úteis para obrigar a vitalidade dos pensamentos a seguir um só grande fluxo autenticado?

A epistemologia da disciplina parece inoportuna, mas sorrio diante de uma história marxista-leninista da filosofia – ou ante um projeto semelhante assinado por um autor cristão. Por que a historiografia ensinada nas instituições seria neutra? Em nome de que não obedeceria também a considerações ideológicas, notadamente as que são produzidas por uma civilização marcada desde há dois mil anos por uma visão cristã do mundo? Não poupamos a episteme da nossa cultura quando produzimos uma história de qualquer disciplina.

A historiografia se constitui ao longo de dois mil anos, com atores conscientes e decididos, ou não, com copistas e arquivistas de boa-fé, ou não, com as vicissitudes da história – papéis vários, incêndios, catástrofes naturais, fragilidade dos suportes, precariedade dos meios de conservação, boa ou má vontade dos atores, iniciativas pessoais e decisões ideológicas de Estado, intervenção de falsários, mobilização de incompetentes, etc. Tudo isso contribui para a produção de um *corpus* primitivo que vai sendo moldado com vistas a introduzir uma ordem.

Quem escreve a história da filosofia? Segundo que princípios? Com que objetivos? Para mostrar o quê? A quem? Em que perspectivas? Quando começa a prática da História, da Enciclopédia, do Léxico, do Manual? Quem edita, distribui, divulga? Onde? Para que público, que leitores? Quando uma obra dessas nos cai nas mãos, uma coorte de gente mais ou menos bem-intencionada, mais ou menos competente, honesta ou inteligente, se encontra na sombra, às nossas costas...

2
O *a priori* platônico

Em duas palavras, digamos claramente: a historiografia dominante procede de um *a priori* platônico em virtude do qual o que procede do sensível é uma ficção. A única realidade é invisível. A alegoria da caverna age na formação filosófica clássica como um manifesto: verdade das Ideias, excelência do mundo Inteligível, beleza do Conceito e, em contrapartida, feiura do mundo sensível, rejeição da materialidade do mundo, desconsideração do real tangível e imanente. Para pôr em relevo essa visão do mundo, nada como colher, em toda a história da filosofia, o que parece preparar, ilustrar e seguir esses princípios postos *a priori*.

Quando Whitehead afirma em tom de brincadeira a Gifford, numa conferência, que a tradição filosófica na Europa consiste numa sucessão de notas acrescentadas ao texto de Platão, não está propriamente errado... Assim, tudo o que existe fora dessa relação com o filósofo grego é esquecido, desprezado, maltratado, destratado. Não traduzindo, não trabalhando numa edição do texto, deixando o *corpus* espalhado no canteiro de obras da literatura antiga, evitam-se os trabalhos universitários, as teses, as publicações, os artigos, vedam-se portanto o ensino e a difusão dessas ideias, que no entanto são consideráveis.

Com base no princípio crístico, redige-se uma história da filosofia destinada a celebrar a religião da Ideia e do idealismo. Sócrates como messias, morto porque encarnava a revelação filosófica inteligível; Platão como apóstolo, se não como são Paulo da causa inteligível: a filosofia idealista, eis a religião revelada da Razão ocidental. Em consequência, o cômputo é estabelecido a partir de Sócrates: antes dele, depois dele, pré-socrático, pós-socrático. A historiografia retém inclusive *socrático menor* ou *pequeno socrático* para caracterizar Antístenes, um cínico, e Aristipo, um cirenaico, ambos criadores de uma sensibilidade autônoma, ou *outros socráticos*, conforme se diz, notadamente Símias e Cebes, dois... pitagóricos!

Sobre esse tema da dominação idealista na historiografia clássica, a história efetua numerosas variações. Assim, o cristianismo, que se tornou religião e filosofia oficial, afasta o que incomoda sua linhagem – o materialismo abderita, o atomismo de Leucipo e Demócrito, Epicuro e os epicurismos gregos e romanos tardios, o nominalismo cínico, o hedonismo cirenaico, o perspectivismo e o relativismo sofista – e privilegia o que pode passar por propedêutica à nova religião: o dualismo, a alma imaterial, a reencarnação, a desconsideração do corpo, o ódio à vida, o gosto pelo ideal ascético, a salvação ou a danação *post-mortem* dos pitagóricos e platônicos convêm às mil maravilhas.

Mais tarde, o cristianismo vê com uma felicidade não simulada reflorescer o espírito e o tom da escolástica medieval que conhece de novo o júbilo dos seus grandes dias no idealismo alemão iniciado por Kant e magnificado por Hegel, do qual nunca se lembrará bastante o mal que cometeu no terreno historiográfico com seu monumento de arrogância, suficiência, pretensão, nacionalismo filosófico que são as suas *Lições sobre a história da filosofia* – um modelo para os partidários contemporâneos de uma *philosophia perennis, mas branca, idealista, europeia...*

Recapitulando: a historiografia dominante é idealista; ela pode ser cindida em três tempos: o momento platônico, o tempo cristão, o idealismo alemão. Na linguagem administra-

tiva dos programas oficiais do liceu: Platão, Descartes e *Kant, A república* e sua caverna de Ideias, o *Discurso do método* e a substância pensante, depois a *Crítica da razão pura*, com seus fenômenos, decerto, mas principalmente com seus númenos, reencarnação germânica da Ideia platônica. Com isso, dá para vender a ilusão do diverso e entregar um mesmo mundo chamado por outro nome...

3
Uma contra-história da filosofia

Para construir esse jardim tão lindo com alamedas limpinhas e arbustos bem cortados, é preciso cortar muito, podar, talhar. O relevo dado a este ou àquele autor, a certo pensamento em vez de outro, o realce de uma corrente, a instalação de todo o aparato útil para fazer triunfar sua tese constrangem a relegar nomes, teses, livros, conceitos ao porão... Pôr à luz aqui supõe guardar no esquecimento ali: existe no entanto nesses quartos de despejo um material considerável, inexplorado. O objeto do meu curso na Universidade Popular de Caen – ver *La communauté philosophique* [A comunidade filosófica] – propõe exumar essa historiografia alternativa.

Portanto, a historiografia esqueceu, negligenciou no melhor dos casos; fez silêncio, conscientemente ou não; às vezes organizou essa marginalização; de tempos em tempos, o preconceito auxiliando, o questionamento não se faz: não se tomou o costume de considerar os cínicos como filósofos, aliás Hegel põe isso preto no branco: a respeito deles só existem anedotas... Os sofistas? Até reabilitações recentes, eram vistos com os olhos de Platão: mercenários da filosofia para os quais a verdade não existe e aos olhos de quem só conta o que tem êxito! Tudo para evitar ver a modernidade desse pensamento do relativismo, do perspectivismo, do nominalismo, numa palavra: do antiplatonismo!

Os agentes da historiografia tradicional realizam o incrível sonho de Platão: os fatos se encontram em Diógenes Laércio – *Vida, doutrinas e sentenças dos filósofos ilustres* (IX, 40) – e acho singular que nunca se trate *filosoficamente* dessa história. De fato, Platão aspirava acender um grande braseiro para nele precipitar todos os livros de Demócrito! A soma considerável de obras, seu sucesso, a presença de seus textos em muitos lugares levaram dois pitagóricos – Amiclas e Clínias – a dissuadir Platão de cometer esse feito. Um filósofo inventor do auto de fé moderno...

Assim, dá para entender por que, em todas as obras de Platão, o nome de Demócrito não é citado uma só vez! Esse esquecimento vale por um auto de fé conceitual: porque a importância da obra e, mais ainda, da doutrina em melhores condições de pôr em dificuldade, ou mesmo em perigo, as fabulações de Platão, supunha uma explicação nítida e franca, honesta, intelectual. O *parti pris* antimaterialista do platonismo se manifesta ainda em vida do filósofo: a lógica da historiografia clássica e dominante repete esse tropismo: nem pensar em conceder qualquer dignidade a essa outra filosofia, sensata, racional, antimitológica e verificável pelo bom senso – que tantas vezes falta nos filósofos...

A continuação parece escrita: Epicuro e os epicurianos, reativando o materialismo do homem de Abdera, deflagram o tiroteio dos partidários do idealismo. Não faltam calúnias contra o filósofo do Jardim, e isso ainda em vida dele: grosseiro, luxurioso, preguiçoso, glutão, beberrão, comilão, desonesto, gastador, malevolente, maldoso, ladrão de ideias alheias, arrogante, soberbo, pretensioso, inculto, etc. Numa palavra, um porco indigno de figurar, ele e seus discípulos, no Panteão dos filósofos.

A calúnia sobre a obra persiste: a ataraxia que define o prazer, a saber, a ausência de perturbação obtida por um sábio e dosado uso dos desejos naturais e necessários se torna volúpia trivial de animal abandonado ao seu gozo mais brutal. O atomismo que reduz o mundo a uma combinação de átomos no vazio passa por uma incapacidade de dispor de uma inteligência digna desse nome. A acolhida no Jardim de escravos, mulheres, estrangeiros lhe vale a reputação de arrastar para lá essas presas da sua sexualidade desenfreada, etc. E vinte séculos de pensamento retomam essas calúnias por sua conta sem mudar uma vírgula.

Na Antiguidade, a contra-história da filosofia parece fácil: ela reúne todos os inimigos de Platão! Ou quase... Leucipo, o fundador do atomismo, Demócrito, como vimos, Antístenes, Diógenes e outros cínicos, Protágoras, Antífon e o punhado de sofistas, Aristipo de Cirene e os cirenaicos, Epicuro e os seus – gente fina. Mais tarde, como contraponto à ficção cristã construída a partir do personagem conceitual chamado Jesus, aos Padres da Igreja preocupados em fornecer o material ideológico para o devir cristão do império e aos escolásticos medievais, podemos tirar da sombra em que apodrecem os gnósticos licenciosos – Carpócrates, Epifânio, Simeão, Valentino... –, seguidos dos Irmãos e Irmãs do Livre Espírito – Bentivenga de Gubbio, Heilwige Bloemardinne, os irmãos de Brünn e outros exaltados... Obscuros desconhecidos muito mais estimulantes porém, com seu panteísmo teórico e suas orgias filosóficas práticas, do que os monges do deserto, bispos contritos, cenobitas de mosteiro e outros...

Mesmas observações no que concerne à constelação do epicurismo cristão – inaugurada por Lorenzo Valla no Quattrocento (com um *De voluptate* nunca traduzido em francês em quatro séculos, até essa lacuna ser reparada por uns amigos a quem avisei...), ilustrada por Pierre Gassendi e passando por Erasmo, Montaigne e alguns outros –; dos libertinos barrocos franceses – Pierre Charron, La Mothe Le Vayer, Saint-Évremond, Cyrano de Bergerac... –; dos materialistas franceses – o abade Meslier, La Mettrie, Helvétius, Holbach... –; dos utilitaristas anglo-saxões – Bentham, Stuart Mill –; dos ideólogos interessados pela fisiologia – Cabanis –; dos transcendentalistas epicurianos – Emerson, Thoreau –; dos genealogistas desconstrutores – Paul Rée, Lou Salomé, Jean-Marie Guyan; dos socialistas libertários, nietzschianos de esquerda – Deleuze, Foucault – e tantos outros discípulos da volúpia, da matéria, da carne, do corpo, da vida, da felicidade, da alegria, todas elas instâncias culpadas!

O que se recrimina a essa gente? Querer a felicidade na terra, aqui e agora, e não mais tarde, hipoteticamente, em outro mundo inalcançável, concebido como uma ficção para crianças... A imanência, eis a inimiga, o palavrão! Os epicurianos devem seu apelido de porcos ao fato de que sua compleição fisiológica os determina: sua existência gera sua essência. Não podendo agir de outro modo que como *amigo da terra* – conforme a feliz expressão do *Timeu* de Platão... –, esses materialistas se condenam a remexer o chão com o focinho sem nem sequer saber que acima da sua cabeça existe um Céu repleto de Ideias. O porco ignora para sempre a verdade, porque somente a transcendência conduz a ela, e os epicurianos apodrecem ontologicamente na mais total imanência. Ora é só isto que existe: o real, a matéria, a vida, o vivo. E o platonismo declara guerra contra tudo isso e persegue com sua vindita tudo o que celebra a pulsão de vida.

O ponto comum a essa constelação de pensadores e de pensamentos irredutíveis? Uma formidável preocupação em desconstruir os mitos e as fábulas para tornar este mundo habitável e desejável. Reduzir os deuses e os temores, os medos e as angústias existenciais a encadeamentos de causalidades materiais; domesticar a morte com uma terapia ativa aqui e agora, sem convidar a morrer em vida para melhor partir quando chegar a hora; construir soluções com o mundo e os homens efetivos; preferir modestas proposições filosóficas viáveis a construções conceituais sublimes, mas inabitáveis; recusar-se a fazer da dor e do sofrimento vias de acesso ao conhecimento e à redenção pessoal; propor-se o prazer, a felicidade, a utilidade comum, o contrato jubiloso; compor com o corpo em vez de propor detestá-lo; domar paixões e pulsões, desejos e emoções, em vez de extirpá-los brutalmente de si. A aspiração ao projeto de Epicuro? O puro prazer de existir... Projeto sempre atual.

II
UMA RAZÃO CORPORAL

1
O romance autobiográfico
Outras linhas de força atravessam a história da filosofia. Outros pares explicam os objetivos e o que trabalha essa disciplina. Idealismo, materialismo, decerto, ideal ascético, ideal hedonista, sim, transcendência, imanência, claro, mas também ódio do eu e escrita do ego. Por um lado, os filósofos cujo relato parece não deixar nenhum espaço para a confidência autobiográfica, para o detalhe tomado de empréstimo a uma experiência pessoal, para o fato extraído de uma aventura própria; por outro lado, os que se apoiam em sua vida, nutrem com ela suas considerações e confessam inclusive dela tirar suas lições. O arauto que evita sua pessoa para melhor deixar crer que age como médium inspirado por um pensamento vindo de alhures, de mais alto e mais longe que ele, descido do céu; ou o egotista que conta sua vida, se implica em sua narração e ensina que todo pensamento procede dele mesmo, mais particularmente do seu corpo.

Ora, esse corte pertence à ficção, porque todos os filósofos, sem exceção, pensam a partir da sua existência própria. A separação descobre outra lógica: de um lado, os que ocultam esse fato e criam a ilusão de uma epifania da razão neles, malgrado eles; de outro, este ou aquele que o defendem claramente. A historiografia clássica e tradicional se posiciona aqui, evidentemente, a favor dos falsos modestos e dos hábeis dissimuladores. Ela ama a humildade orgulhosa de um Pascal, que, como se sabe, afirma que *o eu é odioso*, mas, no mesmo fôlego, utiliza 753 vezes a palavra *eu* nos papelinhos dos seus *Pensamentos*.

Considero Montaigne um mestre. Uma parte do sucesso dos *Ensaios* provém de excertos que contribuem para a fortuna do livro: seu despertar ao som da espineta, a criadagem falando latim, a habilidade de seu pai no cavalo, sua inabilidade nos exercícios manuais, físicos ou esportivos, seu gosto pelas ostras e pelo vinho clarete, sua paixão pelas mulheres, a *lesão enormíssima* de seu pequeno sexo, o gosto pelos beijos femininos perfumando seus bigodes, seu gato, suas falhas sexuais precoces, seu tombo do cavalo, suas desventuras com malfeitores encontrados na floresta ou em seu domicílio, o encontro com seu amigo, sua dor com a morte deste, e tantos outros momentos úteis muito além da anedota. Pelo menos, para o filósofo, o interesse deles não está na narração – numa linguagem sublime – mas no gancho: eles importam por seu papel filosófico. Porque o existencial fornece a teoria que possibilita um retorno ao existencial.

De sorte que, a partir dessas histórias – meios de pensamento e não fins em si –, Montaigne disserta sobre: o papel da educação na construção de uma identidade; a parte herdada em toda a evolução pessoal; o papel maior do corpo em sua filosofia; uma reflexão sobre a identidade, o ser, a incerteza ontológica diante de outrem; a parte animal no homem; a importância da determinação, da segurança e da rigidez estoica; a possibilidade de viver como epicuriano; e outras lições de vida capazes de servir à construção de si para seu autor, decerto, mas também ao leitor envolvido numa cumplicidade amistosa.

Uma parte da filosofia francesa fala na primeira pessoa. Adrien Baillet, o primeiro biógrafo de Descartes, nos dá a saber que, de fato, o célebre *Discurso do método* quase se chamou *História da minha vida*. Partir de si não obriga a ficar em si, nem a sentir um prazer potencialmente culpado nisso. Entre a recusa do ego e o egotismo alucinado, há um espaço para dar ao eu um estatuto singular: uma ocasião de apreender o mundo a fim de penetrar alguns dos seus segredos. A introspecção filosófica – a aposta de Descartes em seu cogito – fornece os meios de um ponto de partida. Toda ontologia supõe a fisiologia que a precede.

2
O hápax existencial

Na vida de um filósofo, o corpo desempenha um papel maior, portanto. Tudo a esse respeito se encontra no prefácio de *Gaia ciência*, escrito por um Nietzsche que sabe do que fala, logo ele, que só conhecia enxaquecas, oftalmias, náuseas, vômitos e outras coleções de doenças diversas. Ele lança as bases de uma leitura filosófica digna desse nome ao afirmar que toda filosofia se reduz à confissão de um corpo, à autobiografia de um ser que sofre. O pensamento procede portanto da interação entre uma carne subjetiva que diz eu e o mundo que a contém. Ele não desce do céu, à maneira do Espírito Santo pondo línguas de fogo sobre os eleitos, mas sobe do corpo, surge da carne e provém das entranhas. Assim, o que filosofa num corpo não é senão as forças e as fraquezas, as potências e as impotências, as saúdes e as doenças, o grande jogo das paixões corporais. Em outro passo, Nietzsche fala da *grande razão* que é sempre o corpo.

Falta uma disciplina que permitiria a leitura e a decodificação dos textos filosóficos. Não uma nova semiologia, uma textologia, uma ciência da linguagem, mas uma psicanálise existencial deixada de lado por Sartre – lado teórico em *L'Être et le néant* [*O ser e o nada*], lado experimental nos três tomos de *L'idiot de la famille* [*O idiota da família*]. Porque uma filosofia não pode ser apreendida no modo platônico da meditação dos grandes conceitos, unicamente no campo fumoso dos espíritos puros, mas no terreno material das apostas corporais, históricas, existenciais e psicanalíticas, entre outras...

Estranhamente, a história da filosofia abunda em detalhes para levar a termo esse projeto. Mas, para tanto, é necessário rejeitar a recusa da biografia e afirmar a possibilidade de apreender o interior de uma obra com suas margens, seus arredores e seus exteriores. Não que o detalhe baste, que a anedota reduza e que o essencial deva desaparecer diante do acessório, mas a apreensão da natureza de uma obra surge somente depois da compreensão dos mecanismos que a produzem.

Equivalente do projeto originário na lógica sartriana, considero o que chamei de *hápax existencial* em *L'art de jouir* [*A arte de ter prazer*] o *kairós* de toda empresa filosófica. Na música, o caos grego da anacruse antes do começo das modulações refinadas. Num momento preciso da vida do filósofo, num lugar determinado, numa hora identificável, ocorre alguma coisa – o *não sei quê* de Benito Feijoo – que resolve contradições e tensões acumuladas precedentemente num corpo. A carne registra esse abalo, a fisiologia o mostra: suores, choros, soluços, tremores, suspensão da consciência, abolição do tempo, abatimento físico, liberações vitais. Depois dessa mística pagã, após os transes do corpo, o filósofo efetua um número considerável de variações sobre esse material acumulado. Genealogia da obra.

Exemplos? Abundam... Quando os filósofos se confiam um pouco, quando a correspondência atesta, quando uma biografia registra o acontecimento, encontramos quase sempre esse gênero de abalo em sua existência. Não quando sua grande obra é escrita e o essencial da sua produção fica para trás, não, mas na origem, antes, de maneira genealógica. Esse relâmpago em que se manifesta o destino em potência perturba, fura, penetra, abate, assassina e dopa.

Sem visar uma exaustividade – que requereria provavelmente uma enciclopédia... –, eis alguns momentos fortes: Agostinho, caso mais célebre... Ex-farrista e ex-estroina, o futuro Padre da Igreja, o Doutor da lei católica se encontra no fundo de um jardim, em Milão, quando a graça o visita – lágrimas, torrentes de lágrimas, gritos de rasgar a alma, voz vinda de além – são as próprias palavras das *Confissões* –, ao que se segue, evidentemente, a conversão ao catolicismo; Montaigne e seu tombo do cavalo em 1568, depois do que dispõe da sua teoria epicuriana da morte; Descartes e seus três sonhos, numa noite de novembro de 1619, que engrenam a gênese do racionalismo (!); Pascal e sua célebre Noite do memorial entre 22h30 e meia-noite do dia 23 de novembro de 1654 – lágrimas também nesse caso...; La Mettrie e a síncope que, no campo de batalha durante o cerco de Friburgo em 1742, lhe ensina o monismo corporal; Rousseau em outubro de 1749, no caminho de Vincennes, onde vai visitar Diderot preso, que cai no chão, depois, em convulsões, descobre a matéria para o seu *Discurso sobre a origem e os fundamentos da desigualdade entre os homens*; Nietzsche em agosto de 1881, à margem do lago de Silvaplana, onde tem a visão do eterno retorno e do Super-Homem; Jules Lequier em seu jardim de infância, quando assiste ao rapto de um passarinho por uma ave de rapina, daí se seguindo suas intuições sobre as relações entre a liberdade e a necessidade, matéria de todo o seu trabalho, como *La recherche d'une première vérité* [*A busca de uma primeira verdade*]; e tantos outros...

3
A decodificação de uma egodiceia

Considerando uma noite como esta em Paul Valéry, falei em *Le désir d'être un volcan* [*O desejo de ser um vulcão*] de uma *síndrome de Gênova*. O que é isso? O corpo do filósofo é de uma natureza singular: hiperestésico, arranhado, frágil e forte ao mesmo tempo, poderoso e delicado, mecânica de precisão capaz de desempenhos sublimes, mas, por causa da precisão, mecânica sujeita a desregulagens ínfimas. Corpo de artista, corpo tope de linha destinado ao *conhecimento pelos abismos* – conforme a feliz expressão de Michaux.

Sua matéria armazena energias consideráveis, capazes de dobrar, vergar, quebrar um ser em dois. Forças, tensões, nós ontológicos trabalham incessantemente o interior dessa máquina não apenas desejante mas também nuclear – em todos os sentidos do termo. A infância, mas antes dela, a pré-história inconsciente, acumula informações que são como cargas elétricas entrando em relações conflituais. A resolução desse conflito supõe esse hápax existencial: esse momento assinala a saída favorável e feliz para o que, de outro modo, provavelmente destruiria o ser.

A psicanálise freudiana, e seus diversos rebentos, focaliza um mecanismo psíquico autônomo que mantém pouquíssima relação com a materialidade da história. A época, a família, o lugar, o meio, a educação, os encontros, a fisiologia constituem um material de igual importância para o inconsciente psíquico. Sou por um inconsciente vitalista, energético, materialista, histórico. Por conseguinte, a apreensão de uma filosofia não pode ser efetuada no modo estruturalista e formal, platônico, como se o texto pairasse no éter, entre duas águas metafísicas, sem raízes, sem relações com o mundo real e concreto. É necessário portanto aperfeiçoar um método de leitura para trazer à luz as engrenagens desse mecanismo de *egodiceia*.

Tomo esse termo emprestado de Jacques Derrida, que, em *Donner la mort* [Dar a morte], cria esse neologismo para significar, no modo da *teodiceia* de Leibniz, que todo discurso filosófico provém de uma justificação de si. O filósofo cuida do seu ser, o constitui, estrutura-o, solidifica-o e propõe em seguida sua autoterapia como uma soteriologia generalizada. Filosofar é tornar viável e vivível sua própria existência quando nada é dado e tudo resta a construir. Com um corpo doente, frágil e franzino, Epicuro constrói um pensamento que lhe permite viver bem, viver melhor. Ao mesmo tempo, ele propõe a todos uma nova possibilidade de existência.

A tradição filosófica se recusa a fazer da razão a improvável flor de tal canteiro corporal; recusa a materialidade dos destinos e a mecânica, complexa decerto, mas mecânica mesmo assim, do ser; ela se rebela contra a ideia de uma física da metafísica, considera heterogêneas à sua disciplina todas as outras atividades, ainda mais as atividades triviais que se preocupam com a matéria do mundo; permanece platônica e cultua o fantasma de um pensamento sem cérebro, de uma reflexão sem corpo, de uma meditação sem neurônios, de uma filosofia sem carne, diretamente descida do céu para se dirigir à única parte do homem que escapa da extensão, a alma...

Contra a psicanálise existencial sartriana, o estruturalismo dos anos 70 lançou os últimos fogos dessa astenia metodológica; contra o materialismo dos corpos, a fenomenologia da carne acrescenta teologia e escolástica, depois aumenta a fumaça entre o real e a consciência que dele podemos ter; contra o extraordinário reforço do pensamento científico – a neurobiologia, entre outros –, o espiritualismo faz novos êmulos. Nunca como hoje uma filosofia existencial do corpo teve tanta urgência.

III
UMA VIDA FILOSÓFICA

1
Uma perspectiva de sabedoria

A tradição idealista em filosofia se manifesta em lugares *ad hoc*. Platão pratica uma esquizofrenia pedagógica com um discurso oral esotérico, destinado à casta de eleitos, e outro, exotérico, oferecido à massa. Prática aristocrática da filosofia. A Academia professa, pois, um ensino aparentemente destinado a todo o mundo: nada assinala a existência de proibições para ter acesso ao curso de Platão. Sua obra escrita completa, a que nós o reduzimos, provém unicamente dessa transmissão visível, exterior.

Ora, existia igualmente um curso secreto, dado a alunos escolhidos entre os melhores da camada exotérica. Provavelmente ensinava-se neste, após anos de preparação para a matemática de ponta, os primeiros princípios, as causas derradeiras, os elementos genealógicos. Por conseguinte, a fratura entre filosofia para a massa, de menor qualidade, e filosofia para a elite aparece claramente na história das ideias.

Também nesse caso, como antídoto à prática filosófica platônica, Epicuro e os seus procedem de outro modo: o Jardim é aberto a todas e a todos, sem distinção de idade, sexo, condições sociais, cultura, proveniência, sem preocupação em forjar uma elite destinada a ocupar os melhores lugares na sociedade – notadamente a fim de reproduzir o sistema social... A visada platônica é teórica e elitista; o propósito epicuriano, prático e existencial. A história da filosofia se articula globalmente nesses dois tropismos: uma prática teórica de gabinete, um engajamento existencial na vida cotidiana.

Donde, lugares correspondentes: Platão leciona num local retirado, discreto, fechado, cercado, entre semelhantes distintos da massa e destinados a governar muito mais os outros que a si mesmo. Como não pensar então no princípio das escolas elitistas cuja função social consiste em fornecer à sociedade os melhores elementos para assegurar a permanência do sistema que os recruta e os paga? Da Academia secreta às grandes escolas da República francesa, a linhagem parece clara. Ao que cumpre acrescentar, como supletivo, a Universidade, tanto mais ideologicamente tolerante quanto mais seu poder é nulo – vimos como ela funcionava quando seu poder não tinha limites...

Pierre Hadot ensina que toda a filosofia antiga funciona com base no mesmo princípio: ela tem em mira a vida filosófica. Temo ser necessário modular essa hipótese sedutora mas frágil quando se trata deste ou daquele pré-socrático – Heráclito, Empédocles, por exemplo... –, Platão e os seus – e o *Timeu*, como fica? –, quando não o Aristóteles da *Física* ou da *Metafísica*... É evidente que o estoicismo, o epicurismo, o cinismo ou o cirenaísmo supõem práticas existenciais, suas filosofias aliás levam a elas. Em compensação, o teorético não desemboca necessariamente num eudemonismo em todo filósofo antigo.

A fratura antiga visível na clivagem *ágora aberta/escola secreta* persiste com o devir oficial do cristianismo, que desacredita totalmente a filosofia existencial. Os Padres da Igreja reivindicam a *verdadeira filosofia* – essa expressão está presente em quase todos os seus discursos... Com base no princípio do intelectual cortesão, Eusébio de Cesareia, amigo e panegirista de Constantino, dá o *tom*: o filósofo põe sua capacidade de conceito, sua potência de raciocínio, seu talento para a reflexão a serviço de uma causa que justifica e legitima arranjos com a história, o arquivo, a verdade.

Assim, uma miríade de pensadores se perfila, com zelo maior ou menor, atrás do poder e aniquila toda e qualquer possibilidade de pensar e de escrever livremente. A vida filosófica? Acabou-se. Basta seguir os ensinamentos de são Paulo para ser filósofo. Todas as sabedorias antigas, por serem pagãs, são errôneas, todos os cristianismos alternativos, gnósticos notadamente, são heréticos, todos os pensamentos autônomos ou independentes são proibidos de fato. A ágora? O fórum? O jardim? Acabou-se... A Igreja fica com todo o cacife e escolhe os trunfos episcopais – logo imperiais.

A prática existencial persiste. Surpreendentemente, a comunidade epicuriana poderia muito bem, com um pouco de esclarecimento teórico – com base no princípio dos epicurianos cristãos, Valla, Erasmo, Gassendi e outros... –, manifestar a permanência de uma prática existencial filosófica: a teoria visa uma prática, as ideias se encarnam. Ser cristão não é se contentar com ostentar-se como tal, mas viver como tal, na imitação da vida e das obras cotidianas de Jesus. Quanto ao princípio, a comunidade cenobítica de um Bento, por exemplo, não teria chocado a do discípulo ateniense do Jardim epicuriano.

O cristianismo assassina pois a forma existencial de filosofar para estender a disciplina à argumentação, ao debate, à controvérsia em relação a pontos de detalhes doutrinais ínfimos: assim, a teologia mata a filosofia. Pelo menos, ela se propõe consumar essa façanha. De Irineu de Lyon, com seu *Contra as heresias*, a Tomás de Aquino e sua *Suma teológica*, a filosofia se torna a criada das tarefas triviais. Deus é desde então o único objeto possível de qualquer pensamento. Tem-se assim pelo menos dez séculos de obscuridade sobre o Ocidente...

Uma parte da filosofia tradicional, clássica, idealista reproduz ainda hoje esses esquemas escolásticos: discussões intermináveis sobre o sexo dos anjos, enxurradas de sofistarias, efeitos de retórica *ad nauseam*, produção ativa de uma bruma verbal, religião do neologismo, práticas onanistas e autistas e outros sintomas singulares. Uma esquizofrenia ameaça o filósofo que pratica a disciplina, decerto, mas num gabinete solitário, à maneira do filósofo debaixo da escada de Rembrandt: ele pode viver e praticar a contrapelo do seu ensinamento... Chega portanto o reinado do professor de filosofia, *Sócrates funcionário*, para retomar uma fórmula feliz. Grande manitu da corporação? Hegel, síntese por si só de todos os vícios da profissão!

No entanto, a tradição existencial perdura na filosofia. O espírito grego e romano continua em Montaigne, por exemplo, mas também em Schopenhauer, Nietzsche e Kierkegaard: os *Ensaios*, o *Mundo como vontade e como representação*, *Assim falava Zaratustra* ou *A repetição* podem produzir efeitos na existência real, concreta – da mesma maneira que a *Carta a Meneceu*. Mas não *A fenomenologia do espírito*... O espírito antigo proporciona ainda hoje uma oportunidade para sair do impasse em que muitas vezes se entorpece a filosofia teórica – dominante na Universidade e nos locais oficiais da filosofia. Sou pela reativação desse espírito da filosofia antiga existencial.

A prova do filósofo? Sua vida. Uma obra escrita sem a vida filosófica que a acompanha não merece um segundo de esforço. A sabedoria se mede nos detalhes: o que se diz e o que não se diz, faz e não faz, pensa e não pensa. Reduzamos pois a fratura esquizofrênica postulada por Proust com sua teoria dos dois meses: de fato, ela permite separar radicalmente um filósofo que escreve *Ser e tempo* de um homem que adere por toda a duração do nazismo ao NSDAP. Por conseguinte, um grande filósofo pode ser nazista; um nazista, grande filósofo, sem nenhum problema: pois o ego que redige um volumoso tratado de ontologia fenomenológica não tem nada a ver com o que apoia e cauciona uma política exterminacionista! Claro, afirmar o engajamento político de Heidegger não basta para se vedar lê-lo, criticá-lo, comentá-lo e apreciá-lo. Mas é preciso evitar o duplo risco: fazer como se esse real não existisse e apenas vê-lo... Um *Pour Sainte-Beuve* [A favor de Saint-Beuve] merece um cálamo sensato...

O filósofo é filósofo 24 horas por dia, inclusive em suas notas de lavanderia, para retomar o argumento costumeiro... Platão o é quando escreve contra o hedonismo no *Filebo*, mas também quando o vendedor de ideal ascético morre no decorrer de um banquete; na redação do seu *Parmênides* e igualmente em seu desejo de queimar as obras de Demócrito; em sua fundação da Academia e em seu passado de dramaturgo e de lutador; ele o é publicando *A república* e *As leis*, ao mesmo título que como cortesão de Dionísio de Siracusa; etc. Um e outro, um é outro.

Donde a necessidade de uma íntima relação entre teoria e prática, reflexão e vida, pensamento e ação. A biografia de um filósofo não se resume ao simples comentário das suas obras publicadas, mas à natureza da ligação entre seus escritos e seus comportamentos. Somente o conjunto se chama uma obra. Mais que qualquer outro, o filósofo tem o dever de manter ligados esses dois tempos, com tanta frequência opostos. A vida alimenta a obra, que, por sua vez, alimenta a vida; Montaigne foi o primeiro a fazer essa descoberta e essa demonstração, ele sabe que fazemos um livro e que este é tanto mais notável por nos constituir em troca.

2
Um utilitarismo pragmático

A cena filosófica? Não a escola, a universidade, o local fechado, mas o teatro aberto do mundo e da vida cotidiana. Nessa segunda linhagem, o conceito, a ideia, a teoria não têm um estatuto idêntico ao de que dispõem do lado idealista. Não há religião do verbo na lógica existencial: a palavra serve para trocar, comunicar, formular, e não para separar. A teoria propõe uma prática, visa uma prática. Fora disso, ela não tem nenhuma razão de ser. Numa lógica nominalista, as palavras servem de maneira utilitária e não são nada mais que instrumentos práticos. Não há religião do verbo...

Sou por uma filosofia utilitarista e pragmática, e não por sua irmã inimiga: idealista e conceitual. Somente a primeira permite o projeto existencial. Mas, antes de continuar, é necessário descontaminar essas duas noções porque, na tradição clássica, o utilitarismo e o pragmatismo são vítimas de um duplo sentido, como tantas vezes no caso das noções da via lateral filosófica: é o caso de materialista, sensualista, cínico, epicurista, sofista, cético – todos eles, termos que dispõem no dicionário de um verbete filosófico, mas também de um sentido trivial. Estranhamente, o primeiro é contradito pelo segundo, a tal ponto que um parece o remédio para o outro...

É o caso de *materialista*: de acordo com o filósofo, pensador que afirma ser o mundo redutível a um puro e simples arranjo de matéria; mas também, para a maioria dos mortais, indivíduo obcecado pela acumulação de bens e riquezas; assim como de *cínico*: discípulo de Diógenes de Sinope, adepto, portanto, de uma ascese em tudo e de uma aguda retidão moral, mas igualmente indivíduo grosseiro sem fé nem lei; ou então de *epicurista*, que caracteriza o discípulo de Epicuro, fanático de uma vida frugal e de um ascetismo, ao mesmo tempo que o grosseiro e vulgar personagem que se entrega aos prazeres; o *sofista* professa um perspectivismo metodológico, mas exprime simultaneamente para a grande massa o indivíduo que gosta de raciocínios astutos visando vencer por todos os meios; e poderíamos continuar assim.

O utilitarista, como sabem os filósofos, descende em linha reta de Jeremy Bentham, pensador considerável, e de John Stuart Mill, para os quais o princípio de utilidade, a saber, *a maior felicidade para o maior número de pessoas*, age como ponto cardeal da filosofia ética. A *Deontologia* (1834) do primeiro, o *Utilitarismo* (1838) do segundo lançam as bases desse pensamento forte, mas absolutamente posto de lado pelos partidários da tradição idealista. Nesses anglo-saxões, não há pensamento nebuloso, mas uma filosofia clara, precisa, legível, privada de todo e qualquer *a priori* metafísico e, sobretudo, pecado mortal para a casta institucional, uma sabedoria capaz de produzir efeitos na vida cotidiana, no real mais corriqueiro.

Para o homem da rua, o utilitarismo estigmatiza o comportamento de uma pessoa interessada em suas relações com outrem, incapaz de generosidade e de gratuidade. Uma política, um pensamento, uma economia assim qualificados passam por egoístas, pouco interessados pelos homens e preocupados com resultados concretos imediatos. Somam-se nele um pouco de cinismo e um pouco de maquiavelismo: o utilitarista visa e quer o que proporciona vantagens sonantes e calculáveis, materiais e tangíveis, imediatas e triviais. Ora, esse conjunto está nos antípodas do pensamento de um Bentham ou de um Mill, evidentemente. Pois, no segundo caso, o que é feito da maior felicidade do maior número de pessoas, em que só há pequena satisfação imediata de um só?

Mesma observação no que concerne ao pragmatismo. Filosoficamente, essa corrente põe em perspectiva o conhecimento e o fim racional. Em outras palavras: esse novo positivismo propõe uma teoria da verdade que rejeita o absoluto dos idealistas em benefício da relatividade epistemológica. Quando Peirce cria a palavra e a coisa em 1878, num artigo intitulado *Como tornar claras nossas ideias?*, ele lança as bases de uma autêntica filosofia da imanência. Nada a ver com a incapacidade de encarar as coisas senão do ponto de vista prático ou do resultado esperado...

O utilitarismo pragmático que proponho remete ao consequencialismo filosófico: não existem verdades absolutas, não existem bem, mal, verdadeiro, belo, justo em si, mas relativamente a um projeto claro e distinto. É o que, numa perspectiva própria – o hedonismo no caso –, possibilita avançar em direção ao projeto obtendo resultados jubilosos. A ideia já está em Bentham: pensar em função da ação e visá-la relativamente a seus efeitos.

3
Um sistema hedonista

Resumindo: sou pois por uma contra-história da filosofia, que sirva de alternativa à historiografia idealista dominante; por uma razão corporal e pelo romance autobiográfico que a acompanha numa lógica puramente imanente, no caso, materialista; por uma filosofia entendida como uma egodiceia a construir e decodificar; por uma vida filosófica como epifania da razão; por uma perspectiva existencial com uma visão utilitarista e pragmática. O conjunto converge para um ponto focal: o hedonismo. Costumo dar ênfase a esta máxima de Chamfort, porque ela funciona como imperativo categórico hedonista: *frua e faça fruir, sem fazer mal nem a você nem a ninguém, eis toda a moral*. Com isso, tudo está dito: fruição de si, decerto, mas também e sobretudo fruição do outro, porque sem ela nenhuma ética é possível ou pensável, já que somente o estatuto do outro a define como tal. Não há outro – como no marquês de Sade, não há moral... A densidade dessa máxima de Chamfort no terreno consequencialista supõe desenvolvimentos infinitos.

Num primeiro momento, desejo dar a esse termo uma dignidade que ele não tem. A acolhida da minha proposição filosófica nos últimos quase quinze anos levanta problemas muito semelhantes aos que foram encontrados pelos partidários do hedonismo antigo: recusa de considerar serenamente o detalhe do que é dito em nome do distúrbio histórico determinado pela simples palavra prazer. Cada um fica então cara a cara com si mesmo e sua fruição, depois presta muitas vezes ao outro, no modo simples da transferência, a ideia que tem do prazer.

Assim, tive muitas vezes de enfrentar discursos que assimilavam hedonismo e fascismo, hedonismo e nazismo, hedonismo e amoralismo, com uma suspeita, haja vista meu nietzschianismo confesso, de fascinação secreta pelos regimes totalitários, ditatoriais e congêneres! Fruir sem fazer fruir, eis efetivamente o que faz assimilar essa teoria filosófica à pior negativização de toda filosofia; mas fruir e fazer fruir: que é do e nos partidários desse deslize extremado, mas tão frequente?

Houve também, evidentemente, o mais fácil: o hedonismo assimilado à fruição grosseira, trivial e contemporânea da defesa do consumidor liberal. Gastronomia de luxo – quando meu primeiro livro, *Le ventre des philosophes* [*O ventre dos filósofos*], ocasião do mal-entendido, era uma oportunidade para uma abordagem irônica, mas ai do ironista!, dessas questões do corpo que filosofa, da razão carnal – ver *La raison gourmande* [*A razão gulosa*]... –, do sensualismo filosófico, da psicobiografia existencial, da vida filosófica, da historiografia alternativa – já Diógenes... –, etc.

Para rematar o retrato do hedonista como novo porco de Epicuro, o quadro foi completado por *Théorie du corps amoureux* [Teoria do corpo amoroso]: onde eu estabelecia as modalidades de uma erótica solar, viram um manual de paquera pós-moderna, um panegírico do colecionamento de mulheres, um breviário da libertinagem à maneira de Don Juan! Quando oponho à teoria platônica do desejo como falta uma lógica democritiana do excesso que traz o risco de transbordamento; quando proponho um feminismo libertário que celebra a mulher contra o culto judaico-cristão da virgem, ou da esposa e da mãe; quando defendo o contrato sinalagmático perpetuamente renovável no lugar do casamento; quando elogio os méritos de uma metafísica da esterilidade contra o dever de reprodução, eu me torno libertino emblemático – em sua definição trivial, é claro...

O prazer paralisa: a palavra, os fatos, a realidade, o discurso que se faz sobre ele. Ele paralisa ou histeriza. Demasiadas motivações privadas, demasiadas intimidades alienadas, sofridas, miserandas e miseráveis, demasiadas falhas ocultas, dissimuladas, demasiadas dificuldades para ser, para viver – para fruir. Donde uma rejeição da palavra: crítica malevolente, agressiva, de má-fé; ou pura e simples evasiva. Desconsideração, descrédito, desprezo, desdém, todos os meios são bons, contanto que se evite o tema.

Persisto na minha trilha teórica e existencial: o hedonismo, apesar dos mal-entendidos, designa essa visão do mundo que proponho já faz quase trinta livros. Uma leitura do real, claro – ver os volumes do *Journal hédoniste* [Diário hedonista] –, mas também uma proposição para viver com ela. Porque defendo igualmente uma concepção que saiu de moda em filosofia: a do pensamento totalizante, a do sistema. Defendo, de fato, um pensamento forte, sólido, estruturado, coerente e procuro examinar a totalidade dos saberes possíveis. O hedonismo fornece o tema, minhas diferentes obras, as variações. Assim, propus uma ética – *La sculpture de soi* [A escultura de si] –; uma erótica – *Théorie du corps amoureux* [Teoria do corpo amoroso] –; uma política – *Politique du rebelle* [Política do rebelde] –; uma estética – *Archéologie du présent* [Arqueologia do presente] –; uma epistemologia – *Féeries anato-*

miques [Espetáculos anatômicos] –; uma metafísica – *Traité d'athéologie* [*Tratado de ateologia*]. Donde: uma *moral estética*, uma *erótica solar*, uma *política libertária*, uma *estética cínica*, uma *bioética tecnófila* e um *ateísmo pós-moderno*, condição de possibilidade do conjunto.

segunda parte
UMA ÉTICA ELETIVA

I
UMA MORAL ATEOLÓGICA

1
A episteme judaico-cristã

A maioria proclama o ateísmo da nossa época, mas se engana: ela é niilista, francamente niilista. A diferença? O niilismo europeu – tão bem diagnosticado por Nietzsche... – supõe o fim de um universo e a dificuldade do advento de outro. Período intermediário, distúrbio identitário entre duas visões do mundo: a judaico-cristã e a, ainda não denominada, digamo-la por enquanto pós-cristã – ninguém se enganará, na falta de um epíteto mais apropriado. Somente o tempo e o avanço no século permitirão achá-lo. Niilismo, pois.

Não há valores, ou não há mais valores. Mais ou menos virtudes. Uma incapacidade de distinguir claramente os contornos éticos e metafísicos: tudo parece bom e bem, o mal inclusive, tudo pode ser dito belo, até o feio, o real parece menos verdadeiro do que o virtual, a ficção substitui a realidade, a história e a memória não fazem mais sucesso num mundo devoto do instante presente, desconectado do passado e sem relação com o futuro. O niilismo qualifica a época em que falta toda cartografia: as bússolas fazem falta e os projetos para sair da floresta onde estamos perdidos nem sequer são pensáveis.

O niilismo se difunde entre duas civilizações. Assim, o Baixo Império romano que vive ao mesmo tempo o fim de uma episteme – pagã e greco-romana – e os primeiros tempos de uma nova episteme – cristã – ainda mal definidos. O epicurismo anda lado a lado com o gnosticismo, o estoicismo imperial coabita com os milenarismos e os pensamentos apocalípticos vindos do Oriente, o velho racionalismo filosófico vive suas últimas horas e divide a época com um irracional generalizado – hermetismo, misticismo, astrologia, alquimia. Ninguém mais sabe, digamos assim, para que santo rezar...

Similitudes com essa época dita de *decadência* – uma noção a utilizar com precaução: ela é contemporânea das primeiras eras da humanidade e acompanha cada época, de Hesíodo a Oswald Spengler... – é que não faltam. Hoje, é preciso compor com novas representações do mundo, esquemas inéditos, inquietantes perspectivas: um cosmopolitismo ontológico e metafísico, um perigo ecológico planetário, uma mundialização econômica liberal bruta, uma dominação do mercado acompanhada de uma negação da dignidade e da humanidade da maioria. Desde o primeiro passo na Lua em julho de 1969, que possibilita a imagem da Terra vista do astro frio, sabemos que o cosmos é uma das modalidades do local...

Que resta do judaico-cristianismo em nossa vida cotidiana? Impõe-se um inventário. Porque o desinteresse pela prática religiosa dominical e cotidiana, os *gadgets* do Vaticano II, o descrédito do discurso professado pelo papa sobre a moral sexual não passam de sinais superficiais: a descristianização é apenas aparente e formal. A maioria, agnósticos ou vagamente ateus, incréus ocasionais ou fiéis por hábito, ainda cultiva os batismos religiosos da sua progenitura, os casamentos na igreja (para agradar a família!) e os enterros dos próximos – ou o seu... – com uma bênção, nos locais cristãos providos do pessoal *ad hoc*.

O que dá a impressão de ser um recuo do cristianismo é uma ilusão. Tanto mais perversa que a superfície dá a impressão de uma mudança em profundidade quando, sob a ínfima camada de visibilidade pública, persistem as lógicas que, há quase vinte séculos, impregnam fundamentalmente o funcionamento da sociedade europeia. A morte de Deus? Uma artimanha da razão judaico-cristã: o cadáver invisível é uma ficção, o que faz Deus está longe de ter morrido e ainda se porta muito bem, a saber: o gosto do irracional para responder ao trágico do real – em outras palavras: ter de morrer um dia – dispõe de uma avenida diante de si...

Tomemos o exemplo da laicidade: decerto, sua fórmula, com carimbo de 1905, foi um progresso considerável no contexto do reino indiviso do poder clerical sobre todos os domínios da sociedade. Mas não acrescentar a ele novos combates, nem mesmo novas vitórias, acabou produzindo uma imobilidade, depois uma caducidade antes de gerar um gosto superado – o ranço, o fechado, o perecido tantas vezes associado hoje à ideia de laicidade. A data de perempção parece superada porque não se produziu uma laicidade dinâmica, evolutiva, dialética, numa palavra, pós-moderna.

Constatemos: a laicidade modelo antigo consiste com muita frequência em formular num vocabulário neokantiano o decálogo judaico-cristão e a moral evangélica. Em vez de apelar para a Bíblia ou para o Novo Testamento, brandidos pelos religiosos em matéria de moral – ou de política, mas é a mesma coisa... –, preferem valer-se dos hussardos negros da república e dos mestres-escolas, que, sem necessariamente se dar conta, ensinavam em seus cursos de moral *A religião nos limites da simples razão*, depois a *Metafísica dos costumes* e a *Crítica da razão prática* destilados em aforismos de moral moralizadora.

Com vocabulários diferentes, em fórmulas e formulações separadas, com atores que se creem adversários, sempre se preferiram os mesmos valores: honrar pai e mãe, dedicar-se à pátria, deixar ao outro um lugar cardeal – amor ao próximo ou fraternidade –, fundar uma família heterossexual, respeitar os mais velhos, amar seu trabalho, preferir as virtudes de bondade – caridade ou solidariedade, misericórdia ou indulgência, esmola ou ajuda mútua, beneficência ou justiça... – à de maldade, etc. Esse trabalho sobre os significantes teve seu mérito, mas trata-se agora de realizar as mesmas coisas com os significados.

E poderíamos continuar mostrando quanto a base do pensamento jurídico francês laico permanece judaico-cristão – a falta desejada e livremente escolhida com a ajuda de um livre-arbítrio que ignora os determinismos, donde a crença na responsabilidade pessoal, que, por conseguinte, justifica a punição, logo a remissão – ciclo infernal e perverso... Mesma coisa no que concerne à bioética que funciona hoje com base nos fantasmas oriundos do judaico-cristianismo: elogio do poder *salvífico* – neologismo oriundo do Vaticano... – da dor, a morte em relação ao pecado original, a doença decorrendo do desígnio desconhecido da Providência, etc. Mesma coisa no que concerne ao sistema pedagógico, o mundo da estética e tudo o mais: a episteme de todos esses continentes da nossa civilização se constrói com base nos princípios bíblicos.

O adversário metafísico se encontra menos no Vaticano – um Estado de opereta, uma instância de desenho animado... –, que na consciência das pessoas, ou mesmo no inconsciente. E isso de maneira individual, é claro, mas também coletiva, comunitária. Não sou pelos arquétipos do gênero junguiano, mas por transmissões irracionais próprias das sociedades que injetam, sem necessariamente se dar conta, a substância judaico-cristã no corpo identitário da pessoa e do grupo. Essa episteme merece ser conhecida, analisada, esmiuçada e superada.

2
A necessária descristianização

A fim de continuar na lógica das Luzes do século XVIII – que valem menos arqueologicamente do que como modelos trans-históricos –, tentemos produzir uma real laicidade pós-cristã que agora se preocupa menos em revolucionar o vocabulário, a língua, a letra do que o fundo. Uma nova civilização não pode criar valores sem praticar o direito de inventário ético, metafísico, ontológico, político, etc. O que guardar? E por quê? O que se pode e o que se deve destruir, superar, conservar, arranjar, equipar? De acordo com que critérios e para que utilidade?

A descristianização não ganha nas vias de fato: as guilhotinas do Terror, os massacres de padres refratários, os incêndios de igrejas, os saques de mosteiros, os estupros de religiosas, os vandalismos com os objetos de culto não são em parte alguma defensáveis e por nenhuma razão. Uma Inquisição ao revés não é mais legítima ou defensável do que a da Igreja católica em seu tempo. A solução passa por outros caminhos: o do desmonte teórico e da reconquista gramsciana pelas ideias.

Todo fim de civilização antes do advento da seguinte representa sempre um perigo maior: nele, o irracional pulula, o pensamento mágico excele, as soluções a baixo preço metafísico proliferam. Aliás, quando uma cultura rui, após uma longa desagregação, é sempre em benefício de efervescências pulsionais, instintivas, animais. Como se a ponta mais elevada de uma época devesse ceder lugar ao magma das energias primitivas. Após a razão, o insensato.

Uma laicidade pós-moderna possibilitaria precipitar o movimento e acelerar o curso da história a fim de superar o niilismo europeu. Se é para pôr fim a um longo ciclo, que pelo menos não ocorra uma longa e penosa agonia e que a morte se dê rápida e bem, corretamente. Não é útil proceder a uma obstinação terapêutica insensata à cabeceira de um moribundo que não tem nada mais a esperar da vida. A Europa foi cristã, continua a sê-lo em virtude de hábitos contraídos à maneira do arco reflexo desconectado do córtex.

O pós-cristão tem lições a tomar com o pré-cristão. Peça-se pois, às éticas alternativas ao platonismo antigo, material de reflexão: uma *moral da honra* e não da falta, uma *ética aristocrática* e não falsamente universal, uma *regra imanente do jogo* e não um processo transcendente, *virtudes que aumentam a vitalidade* contra as que a empequeneçam, um *gosto pela vida* que dê as costas às paixões mortíferas, um *desígnio hedonista* contra o ideal ascético, um *contrato com o real* e não uma submissão ao céu, etc.

A resposta ao niilismo não está numa restauração: alguns, registrando o declínio cristão, concluem pela necessidade de trabalhar para o seu renascimento, seja sob forma tradicional, seja ampliando os reformismos, esses arranjos costumeiros com o céu. Voltar-se para um integrismo ou visar uma nova reforma. O imperialismo planetário americano opta por um cristianismo fundamentalista e põe em perspectiva de seu combate, melhor dizendo, em sua linha de mira, o islamismo que se tornou o ópio mais ativo das culturas e das minorias oprimidas.

Os termos da alternativa oscilam portanto entre os polos monoteístas: judaico-cristão ou muçulmano. Pode-se querer evitar esse sinistro impasse optando por uma terceira solução: nem um nem outro, mas, alhures, um ateísmo verdadeiro que rejeite tanto a Torá quanto o Novo Testamento e o Corão, para preferir em lugar deles as Luzes da razão e as clarezas da filosofia ocidental. Contra a religião do Livro único que não gosta dos outros livros e comunga no ódio à razão, à inteligência, às mulheres, aos corpos, às paixões, aos desejos, à vida, *et passim*, joguemos o espírito da *Enciclopédia* de Diderot e D'Alembert...

Viremos as costas para as ficções, as fábulas, e dirijamo-nos em vez disso para a filosofia – contanto que ela não seja, no modo patrístico, legitimação do estado de fato, como é tão frequente com os intelectuais que se prosternam diante do liberalismo americano, do capitalismo sob todas as suas formas e dos poderes que aceleram esse movimento. Porque, muitas vezes se ignora isso, essa corja de uma filosofia que colabora – com a religião e o poder de Estado – já existe no século XVIII: ela agrupa, sob o vocábulo de *antifilosofia*, um certo número de indivíduos esquecidos pela história – Lelarge de Lignac, abade Bergier, Jacob Nicolas Moreau, o marquês de Caraccioli, etc. – e faz face aos que resistem: os filósofos das Luzes – cujos nomes ninguém ignora...

A historiografia dominante retém entre as Luzes belos clarões, decerto, mas muitas vezes teístas, deístas ou panteístas, concessões feitas ao espírito da religião cristã. Sou por Luzes mais intensas, com frequência esquecidas, que procedem de ateus francos e diretos, nítidos e precisos – do abade Meslier a Holbach, passando por La Mettrie e alguns outros. Aí começa o novo mundo pós-cristão, nesses anos inaugurais do século XVIII. A eles devemos a genealogia de um ateísmo que merece hoje uma definição reafirmada contra o império dos monoteísmos. Esse ateísmo pós-cristão torna possível uma moral associada.

3
Um ateísmo pós-cristão

A expressão ateísmo pós-cristão poderia dar a impressão de uma redundância: o simples substantivo faz crer que se superou o cristianismo e que nos situamos após a religião. Mas, em virtude do princípio de impregnação judaico-cristã da episteme da nossa época, o ateísmo também é marcado com o ferro católico. De sorte que existe um ateísmo cristão e que a expressão, sob sua aparência oximórica, caracteriza um verdadeiro objeto conceitual: uma filosofia que nega claramente a existência de Deus, decerto, mas que retoma por sua conta os valores evangélicos da religião de Cristo.

Assim, a morte de Deus pode ir portanto par a par com a moral herdada da Bíblia. Os partidários dessa opção singular recusam a transcendência, pois defendem os valores cristãos dissociados da sua legitimação teológica, mas conservados e honrados em virtude da sua legitimação sociológica. O céu está vazio, concordo, mas o mundo pode viver melhor com o amor ao próximo, o perdão dos erros, a prática da caridade e outras virtudes antigamente batizadas de generosidade, compaixão, misericórdia, gratidão, prudência, temperança, etc.

Um ateísmo pós-cristão conserva o princípio adquirido da periculosidade de Deus. Não nega sua existência, mas a reduz à sua essência: a alienação forjada pelos homens segundo o princípio da hipóstase de suas próprias impotências concentradas numa força inumana, no sentido etimológico, adorada como uma essência separada de si. Segundo o princípio bovarístico, os homens não querem se ver tais como são: limitados em sua duração, sua potência, seu saber, seu poder. Por conseguinte, eles ficcionam um personagem conceitual dotado dos atributos que lhe faltam. Assim, Deus é eterno, imortal, onipotente, onipresente, onisciente, etc.

Uma vez esclarecido esse mistério de Deus, o ateísmo pós-cristão passa para o segundo tempo e desmonta com o mesmo fervor os valores herdados do Novo Testamento que impedem uma real soberania individual e limitam a expansão vital das subjetividades. A moral: depois das carnificinas da

Guerra de 14-18, da monstruosidade dos campos da morte nazistas, dos gulags stalinistas, depois de Hiroshima e Nagasaki, do terrorismo de Estado dos fascismos ocidentais e dos regimes comunistas do Leste, depois de Pol Pot, Mao, depois do genocídio de Ruanda e de tudo o que colore o século XX de sangue, não podemos mais nos contentar em convidar à boa alma inativa e impotente, por ser sua impossível encarnação na falta de objetivos realmente realizáveis. Elaboremos doravante uma moral mais modesta, no entanto capaz de produzir efeitos reais. Não mais uma ética do herói e do santo, mas uma ética do sábio.

II
UMA REGRA IMANENTE DO JOGO

1
Uma ética estética
Enquanto Deus triunfa, a moral é uma subseção da teologia. Desde o Sinai, o Verdadeiro, o Bom, o Bem, o Justo provêm do decálogo. Não é necessário filosofar, procurar os fundamentos, uma genealogia, uma origem, Deus basta e serve de resposta para tudo. Tábua da Lei, Torá, Evangelhos, Epístolas paulinas agem em minutos divinos. Quando Deus se dá ao trabalho de ele próprio expor, ou quando delega essa missão a seus mais fiéis enviados, a matéria imperiosa de todo comportamento entre si e si, si e os outros, si e o mundo, quem pode ter a insolência e a perfídia de discutir e contestar? Que personagem é arrogante o suficiente a ponto de tomar explicações de Deus – a não ser o filósofo –, contanto que faça verdadeiramente jus a esse nome...

Assim, a teologia basta para tudo. A ética não pode aspirar a uma autonomia. Ela cai do céu e desce do universo inteligível. A moral não procede do contrato imanente, mas da epifania, da aparição. Deus fala, os homens escutam, depois podem obedecer. Caso a fala pareça glossolálica, caso se suponha uma dificuldade de compreensão, como Deus nem sempre está disponível, o clero dá um plantão de 24 horas todo dia. Pergunte ao padre, ao bispo, ao cardeal, ele lhe dirá. A teologia, falsamente ciência do divino, designa muito mais realmente a ciência da sujeição da massa ao pretexto da ficção chamada Deus.

Os primeiros movimentos de rebelião datam do Grande Século: Descartes é o primeiro a solicitar a matemática e a geometria; Leibniz persiste, pedindo à ciência a língua capaz de contar o universo; Galileu não fica longe, em matéria de todo esse escol filosófico; Espinosa pretende explicar o real segundo a ordem geométrica; Newton expulsa a providência e submete as maçãs a uma lei escrita em linguagem algébrica, e não em fórmulas teológicas. Deus recua, é delicadamente dispensado, a moral adquire um pouco de autonomia...

O fideísmo dos libertinos barrocos prepara o ateísmo. Deus existe, é claro, e o que mais se poderia fazer se Galileu escapa da morte à custa de uma abjuração das suas ideias, se Giordano Bruno perece na fogueira no Campo dei Fiori, Giulio Cesare Vanini em Toulouse, se Théophile de Viau é aprisionado em Paris, se queimam suas obras e se ele pode temer o pior? Ao mesmo tempo, Charron, Descartes, Pascal, Malebranche e tantos outros veem suas obras inscritas no Índex católico...

A Revolução Francesa acelera o movimento: do fideísmo passa-se ao deísmo, o teísmo está bem distante... O ateísmo se aproxima, o cristianismo se esgota. Decapita-se o Rei, representante de Deus na terra. E Deus permanece em silêncio. Incendeiam suas Igrejas, saqueiam seus tabernáculos, desonram suas religiosas, quebram os crucifixos e as estátuas de santos. Persistência do seu mutismo. Desativam os locais de culto, erguem-se Templos à deusa razão? Silêncio, ainda e sempre. Até que, diante dessa evidência de inércia de Deus, se deduza sua ficção.

Depois do terremoto da Revolução Francesa, o século XIX propõe novos modelos. O positivismo de Augusto Comte, a dialética serial de Proudhon, a matemática das paixões de Fourier, a física social dos Ideólogos, o materialismo dialético de Marx, tudo isso são sinais de que a moral e a política não devem mais nada ao céu nem à teologia, mas emanam do solo, da terra e das ciências. Com fortunas diversas e felicidades múltiplas, todos esses homens visam um mesmo zênite: um mundo desembaraçado de toda transcendência, em que os homens têm contas a prestar, evidentemente, mas a seus semelhantes e a mais ninguém.

O modelo matemático suplanta o modelo teocrático. Mas o primeiro funcionou desde os tempos mais remotos até a decapitação de Luís XVI. Ou seja, uma longa e considerável duração, milênios. O modelo substituto corre num espaço muito mais estreito: da cabeça caída de Luís Capeto à queda do muro de Berlim, se não algumas décadas antes... Um longo século, não mais. Dois tempos incomensuráveis. A teologia durou muito tempo. Aliás, a ciência muitas vezes contentou-se com matematizar o discurso milenarista e efetuar mudanças apenas de forma. O milenarismo, o pensamento apocalíptico, o discurso messiânico e profético embebiam as odisseias sociais e socialistas, utópicas e comunistas.

Depois dos artistas ditos incoerentes, nos cafés de Zurique, Tristan Tzara carrega o dadaísmo (*Dadá*, 1917) à pia batismal, Marinetti rega com água benta seu futurismo (*Manifesto futurista*, 1909), André Breton marca com óleo consagrado o sinal mágico na testa do surrealismo (*Manifesto do surrealismo*, 1924). As esperanças da ciência e de um novo mundo soçobram, na Europa, com a Guerra de 14-18: absurda, imunda, delirante, histérica, louca, furiosa, sanguinolenta, ela sangra o Ocidente duradouramente. A saída de emergência é estética...

Em 1917, durante a ofensiva de Verdun, Marcel Duchamp, o *anartista*, entre farsa e terremoto radical, apresenta sua *Fonte* numa exposição. Primeiro *ready-made – pré-feito*, se fosse para traduzir... – que assinala uma verdadeira revolução copernicana estética. Esse sanitário metafísico pulveriza a *Crítica da faculdade do juízo*, de Kant, logo o platonismo em arte e alhures. Mais de vinte séculos de teoria clássica do belo viram fumaça num piscar de olhos. De repente, o Belo em si faz as malas e advém a ideia segundo a qual quem olha faz o quadro.

Ao que Duchamp acrescenta outra revolução: a dos suportes. Fim dos materiais nobres e habilitados na história da arte desde as suas origens – pigmentos coloridos, mármore, bronze, ouro, prata, platina... –, nascimento de todos os suportes, dos mais nobres aos mais ignóbeis – barbante, papelão, plástico... –, passando pelos mais imateriais – som, luz, ideia, linguagem... Para o melhor e para o pior, tudo, absolutamente tudo, se torna matéria de arte. Por que não, nesse caso, a existência? Cabe aos filósofos registrar nos seus domínios essa revolução possível. Metafisicamente, torna-se possível a vez e hora de uma ética estética.

2
A escultura de si

Conservemos a velha metáfora da escultura: Plotino a utiliza nas *Enéadas* e convida cada um a ser o escultor da sua estátua. Porque, *a priori*, o ser é vazio, oco. *A posteriori*, ele é o que foi feito e o que se fez dele. Formulação moderna: a existência precede a essência. Cada um é portanto parcialmente responsável pelo seu ser e pelo seu devir. O mesmo ocorre com o bloco de mármore, bruto e sem identidade enquanto o cinzel do escultor não se decide a lhe dar uma forma. Esta nunca se encontra oculta, em potência na matéria, mas é produzida ao longo de um trabalho. Dia após dia, hora após hora, segundo após segundo, a obra se constrói. Cada instante contribui para o devir.

O que devemos tentar produzir? Um Eu, um Ego, uma Subjetividade radical. Uma identidade sem duplo. Uma realidade individual. Uma pessoa direita. Um estilo notável. Uma força única. Uma potência magnífica. Um cometa traçando um caminho inédito. Uma energia abrindo uma passagem luminosa no caos do cosmos. Uma bela individualidade, um temperamento, um caráter. Sem querer a obra-prima, sem visar a perfeição – o gênio, o herói ou o santo –, há que tender à epifania de uma soberania inédita.

A tradição filosófica pretende não amar o Eu, ela clama por toda parte seu ódio ao Ego. Muitos filósofos contemporâneos defendem sem pestanejar essa posição teórica, depois se estendem em obras e artigos para dar os detalhes da sua infância, expor sua biografia, permitir-se depoimentos sobre a sua formação intelectual e sua primeira juventude. Um registra o detalhe da propriedade agrícola familiar da sua infância, outro as modalidades da sua escolaridade adolescente, um terceiro escreve até um livro inteiro para contar em pormenores uma longa depressão nervosa...

Essa esquizofrenia gera uma contradição: ou eles têm razão em condenar o ego, e que se calem pois; ou falam na primeira pessoa, e que promovam então a adequação do seu pensamento às suas efusões. Sou por uma necessária revisão teórica e por uma continuação da autoanálise existencial, que, a meu ver, permite compreender melhor de onde vem um pensamento, o que é, para onde vai.

Contra a religião egótica, o culto do ego, o narcisismo autista, contra igualmente a detestação de tudo o que manifesta uma primeira pessoa, trata-se de encontrar a boa medida do Ego, sua necessária restauração e restituição. Nem caricatura de dandismo nem paixão pelo cilício metafísico, mas escrita de Si num modo nem histérico nem enfático, nem crítico nem tanatofílico, mas lógico: à maneira de um Descartes, que, por sua metafísica, procura e encontra um eu, trata-se de obter um resultado semelhante para que uma ética seja enfim possível. Sem ponto de partida, nenhum objeto ético é possível.

Somente esse Eu torna possível a declinação do mundo: porque Tu, Ele, Ela, Nós, Vós, Eles e Elas declinam igual número de modalidades da alteridade. O outro íntimo, tuteado, próximo; o terceiro mais distante; o conjunto dos Eus associados num projeto comum; o terceiro íntimo; os distantes reunidos. Uma relação com o outro é impossível de ser construída se a sadia relação entre si e si que constrói o Eu não existir. Uma identidade falha ou ausente a si mesma veda a ética. Somente a força de um Eu autoriza o deslanchar de uma moral.

Todo Eu que não é querido, trabalhado por uma potência, talhado por uma energia, se constitui à revelia com todos os determinismos que tomam o lugar. Determinismos genético, social, familiar, histórico, psíquico, geográfico, sociológico, numerosos são eles a moldar do exterior um Ego que recebe selvagemente todas as forças vindas da brutalidade do mundo. A herança, os pais, o inconsciente, a época, o lugar do mundo em que vem à luz, a educação, as oportunidades, as faltas de oportunidades sociais, tudo tritura uma matéria dúctil, extremamente plástica, e a predetermina... à desordem. As prisões, os asilos psiquiátricos, as consultas psicológicas, as salas de espera dos psicanalistas, as antessalas dos especialistas em consciência corporal, conselheiros conjugais, reflexologistas, radiestesistas, magnetizadores, adivinhos variados, as consultas a sexologistas, as filas de espera para os psicotrópicos fornecidos nas farmácias e tantos outros xamãs pós-modernos dançam em torno desses *Egos* falhos, desses *Eus* quebrados, identidades inacabadas, todos eles.

3
Um adestramento neuronal

A ética é assunto de corpo, e não de alma. Primeiro ela provém da matéria de um cérebro, e não das brumas de uma consciência. O dualismo da alma e do corpo, de uma substância estendida e de uma substância pensante ligadas por uma glândula pineal cheia de caprichos, ficou caduco a partir da genial e recente demonstração de um *homem neuronal*. Desde Leucipo, os filósofos da linhagem materialista verificam a existência dessa verdade genealógica.

Sou meu corpo, portanto, e nada mais. A moral provém dele. Longe do corpo ontológico e etéreo dos fenomenologistas, ou da ficção deleuziana de um corpo sem órgãos – uma criação de almas à beira da fragmentação –, a carne se organiza, justamente pelos órgãos, em sistemas que, por sua vez em relação mútua, produzem as conexões necessárias para o funcionamento dessa máquina sublime.

A antiga oposição entre *materialismo sumário* e *vitalismo sutil*, tendo de um lado os não crentes e, do outro, os cristãos, saiu de cena em benefício de uma superação dialética singular: o *material vitalista*. Uma matéria, e nada mais, atravessada por fluxos perpétuos, eles também redutíveis à matéria, ainda que transcendam a pura e simples justaposição atômica.

O entremeio da matéria, que também é matéria, se mantém por forças também imanentes, que aguardam sua decodificação científica. O corpo é portanto, de fato, a *grande razão*, para utilizar as palavras de Nietzsche – mas o cérebro age de fato como *grande razão* dessa outra *grande razão*. Donde seu papel maior em termos de moral. Visto que a ética não é dada, mas produzida, construída; visto que ela supõe um trabalho voluntarista; visto que, com base no modelo da arte contemporânea, ela se autoriza uma existência como material de artefato; visto que o cérebro age como uma central digital; concluamos então pela necessidade do adestramento neuronal e da impregnação ética do sistema nervoso. A educação desempenha um papel maior; a formatação coloca as bases sem as quais nada de moral é possível.

O bem e o mal, o verdadeiro e o falso, o justo e o injusto, o belo e o feio pertencem a decisões humanas, contratuais, relativas e históricas. Essas formas não existem *a priori*, mas *a posteriori*, elas devem se inscrever na rede neuronal para ser: não há moral sem as conexões neuronais que permitam sua existência. A ética supõe portanto um corpo faustiano, informado pela potência e pela demiurgia de uma inteligência que quer. A moral se aprende, se inscreve na matéria de um cérebro para criar sinapses e possibilitar as funções anatômicas da empresa moral.

A moral não é portanto um problema teológico entre os homens e Deus, mas uma história imanente que concerne aos homens entre si, sem nenhuma outra testemunha. A intersubjetividade mobiliza representações mentais, logo neuronais: o outro não é um rosto – que os levinassianos me desculpem –, mas um conjunto de sinais nervosos ativos numa aparelhagem neuronal. Se a rede cabeada não foi forjada anteriormente – por pais, educadores, professores, família, meio, época... –, nenhuma moral será possível.

Por conseguinte, o materialismo deixa de ser o reino da pura fatalidade, da necessidade contra a qual nada é possível. A interação transfigura as duas instâncias: o indivíduo que constrói a sociedade e a sociedade que constrói o indivíduo se nutrem e se modificam substancialmente. A moral universal, eterna e transcendente cede lugar à ética particular, temporal e imanente.

O adestramento neuronal não atua contra outra coisa mais apresentável nestes dias politicamente corretos, porque não dá para escapar dele: a ausência de educação, a renúncia à transmissão de valores, a abdicação diante de toda iniciativa pedagógica – que parecem com muita frequência caracterizar nossa época –, constituem em negativo outro adestramento neuronal, perigoso este, porque integra ao sistema nervoso que a lei não é a lei ética, mas a lei da selva.

Assim, a etologia dá conta desse defeito ético: cada um evolui num território reduzido a seu determinismo de macho dominante, de fêmea dominada, de parte de uma horda, de membro de um rebanho mais extenso que outro. O reino da tribo contra o do humano. A construção de um cérebro ético constitui o primeiro degrau para uma revolução política digna deste nome. Foi outrora a ideia maior dos filósofos ultras do século dito das Luzes.

III
UMA INTERSUBJETIVIDADE HEDONISTA

1
O contrato hedonista
Quando a máquina neuronal existe, necessita de um conteúdo, porque não pode funcionar vazia. O cérebro é um instrumento, um meio, mas de modo algum um fim em si. Se o adestramento neuronal segue a possibilidade nervosa, necessita então de uma finalidade: adestra-se em quê? Para quê? Segundo que critérios? Toda educação supõe uma intenção. Sem um objetivo claramente determinado, a ética não apresenta nenhum interesse. Que regra do jogo merece os esforços e a adesão? O que a torna desejável para nós?

Resposta: uma intersubjetividade pacificada, alegre, feliz; uma paz da alma e do espírito; uma tranquilidade em ser; relações fáceis com o outro; um conforto na interação dos homens e das mulheres; uma artificialização das relações e sua submissão aos píncaros mais elevados da cultura: o refinamento, a polidez, a cortesia, a boa-fé, o respeito à palavra empenhada; a coerência entre as palavras e os fatos. Em outros termos: o fim da guerra, o evitamento das lógicas de dominação e de servidão, a rejeição do combate pela dominação real ou simbólica dos territórios, a erradicação do que resta de mamífero em nós. Mais brevemente: a submissão drástica do animal em cada um e o nascimento do humano no homem.

Eis o ideal... A realidade, todos conhecem: o sujeito da ética não é necessariamente dotado de um Eu e de um Ego estruturado, claro, nítido, saudável. A identidade falta com frequência em muitos – se não na maioria. Inacabamento de si, fragilidades, fissuras, rachaduras, incompletudes, partes de sombra, zonas perigosas, dominação da pulsão de morte, pulsões sádicas, tropismos masoquistas, inconscientes inteiramente ganhos para a destruição ou para a autodestruição e tantas outras realidades que fazem crer que, não sendo a perfeição deste mundo, só nos resta compor perpetuamente com essas negatividades generalizadas.

Claro, mais ninguém acredita numa linha demarcatória clara e nítida entre normal e patológico, razão e loucura, saúde mental e distúrbio do comportamento. Os asilos encerram certo número de pessoas, nem todas computáveis no sistema carcerário, e algumas, numerosas, que podem estar lá, ocupam posições estratégicas na sociedade de todos os dias. Melhor: certos doentes graves administram sua megalomania, sua histeria, sua paranoia em atividades socialmente respeitáveis. Gente de ordem e de autoridade, políticos profissionais, histriões da sociedade espetacular, histéricos da cena cultural planetária permitem sublimações úteis para evitar a seus protagonistas as alegrias do encerramento...

Para muitos anônimos, esse desvio de pulsões socialmente inaceitáveis para derivativos sociais reconhecidos pela sociedade e honrados como tais não é possível. Resta o inevitável prejuízo social e ético que não pode deixar de ocorrer... Chamo de *delinquente relacional* aquele que, nem responsável nem culpado, decorre de uma série de arranjos existenciais que fazem dele um ser incapaz de contrair, logo de manter, qualquer relação ética.

Porque o contrato funda a relação ética. Somos seres humanos e, como tais, dotados do poder de comunicar. Pela linguagem, em primeiro lugar, claro, mas por mil outros sinais assimiláveis à emissão de uma mensagem, à sua decodificação, recepção e compreensão por um terceiro. A comunicação não verbal, gestual, as mímicas do rosto, as posturas do corpo, o tom da voz, as inflexões, o ritmo e a velocidade da palavra, o sorriso informam sobre a natureza de uma relação. No grau zero da ética se encontra *a situação*.

Primeiro grau: a *presciência do desejo do outro*. Que quer ele? Que me diz ele? Qual é a sua vontade? Donde *a necessária preocupação*. Informar-se sobre o projeto desse terceiro com o qual estou em situação. Depois esclarecê-lo, em troca, sobre o meu projeto. Sempre por meio de sinais, entre outros a linguagem. Esse perpétuo jogo de ida e volta entre as partes possibilita a escrita de um *contrato*. Não há moral fora dessa lógica sinalagmática. Com base em informações trocadas, a relação ética pode se dar.

No caso do delinquente relacional, uma vez integradas as informações e em caso de ameaça à sua tranquilidade existencial, a solução pede uma reação proporcional: o *evitamento*. O hedonismo se define positivamente pela busca do prazer, decerto, mas também negativamente como evitamento das ocasiões de desprazer. Todo psiquismo danificado corrompe o que toca. Salvo um desejo de automutilação – ético, no caso contratual... –, a exclusão permite restaurar a paz mental e a serenidade psíquica.

Em certos casos, o distanciamento não é possível, porque se trata de pessoas com as quais, por múltiplas razões, somos obrigados a permanecer em contato. Resta então, solução ética, a boa distância, o que chamei em *La sculpture de soi* de *Eumetria*. Nem perto demais nem longe demais. Nem distanciamento radical e definitivo nem proximidade que expõe aos perigos. Não se expor, não se dar, não se entregar, guardar para si seus segredos, cultivar a distância, apreciar a discrição, permanecer opaco, praticar a cortesia e a polidez, a arte das relações fluidas mas afastadas. O objetivo? Evitar pôr em risco o núcleo duro da sua identidade.

2
Os círculos éticos

A moral cristã convida ao amor ao próximo como a si mesmo, por amor a Deus. O que significa essa fórmula, se tomarmos o cuidado de considerá-la em sua totalidade? Primeiro, que o outro não é um fim, que não o amamos por ele, porque ele é ele, mas como uma oportunidade, um meio de outra coisa, a saber, Deus. O terceiro? Um degrau para alcançar Deus. O outro não é amado por ele, mas porque possibilita primeiro e sobretudo dizer ao Criador que amamos sua criatura. Amando o outro, é a Deus que amo: a prática da moral se resume à oração.

Essa moral *inumana*, no sentido etimológico, se dirige a duas categorias de humanos: uma é amável, logo não é preciso um dever de amar se parecemos naturalmente inclinados a tanto, o tropismo é inato, o magnetismo fala; a outra é detestável: o tal delinquente relacional em suas múltiplas variações: do canalha sartriano ao carrasco dos campos da morte, passando pelos sádicos eventuais, os perversos no cotidiano, os malvados regulares, os torturadores a varejo e outras variações sobre a negatividade ética. Amar a estes? Mas por quê?

Em nome de que, de quem, pode-se transformar em dever o amor ao próximo, se este é detestável? Que podemos invocar para convidar a vítima a amar seu carrasco? Ele é uma criatura de Deus, como eu, e os caminhos do Senhor que o levam a fazer o mal são impenetráveis? Vá lá para os que cultuam as caraminholas cristãs, mas e para os outros, os que vivem imunes a essas fábulas? Que estranha perversão poderia levar a essa prescrição inaudita: amar o autor do suplício que nos destrói? Auschwitz mostra os limites dessa ética: interessante no papel, mas inútil na vida.

A essa moral para os deuses, e como tal vedada aos homens, oponho uma *ética aristocrática e eletiva*. Não ter em vista a santidade, mas a sabedoria. Contra a falsa bijeção na religião triangular cristã, sou por uma geometria dos círculos éticos que, partindo de um ponto central e focal, Eu – sendo cada um o centro do seu dispositivo –, organize ao seu redor, e de maneira concêntrica, a localização de cada um em função das razões de manter ou não com o outro uma relação de proximidade. Não existe nenhum lugar definitivo, cada situação nesse espaço decorre do que é dito, feito, mostrado, provado e dado como sinal da qualidade da sua relação. Como não há Amizade, mas provas de amizade, não há Amor, mas provas de amor, não há Ódio, mas provas de ódio, etc., os fatos e os gestos entram numa aritmética que permite deduzir, por constatação, a natureza da relação: amizade, amor, ternura, camaradagem ou o contrário...

Os dois movimentos são simples: eleição e exclusão. Força centrípeta, força centrífuga. Aproximação em direção a si, ejeção para as bordas. Essa ética é dinâmica, nunca parada, sempre em movimento, em permanente relação com o comportamento do outro. Por conseguinte, o outro é devedor dos seus compromissos e responsável por seu lugar em meu esquema ético. Na perspectiva hedonista, o desejo de prazer do outro ativa o movimento em direção a si; a ativação do desprazer do outro desencadeia o movimento inverso.

Assim, a ética parece menos um assunto de teoria do que de prática. O utilitarismo jubiloso designa a regra do jogo. A ação – os pensamentos, as palavras e as ações – anima as dinâmicas. Como a Amizade platônica não existe, mas somente suas encarnações, as provas de amizade aproximam, os testemunhos de inimizade afastam. E podemos pensar do mesmo modo em relação ao que faz o sal da existência: amor, afeição, ternura, doçura, prestimosidade, delicadeza, longanimidade, magnanimidade, polidez, amenidade, gentileza, civilidade, prontidão, atenção, cortesia, clemência, dedicação, e o que se põe na palavra *bondade*. Essas virtudes criam a excelência de um vínculo; sua ausência desvincula, as faltas desfazem.

Acrescentemos a isso que a ética é uma questão de vida cotidiana e de encarnações infinitesimais no tecido fino das relações humanas, não de ideias puras ou de conceitos etéreos. Ela sacramenta o reino do quase nada, do não sei quê, do quase mínimo e do anódino. As unidades de medida moral pertencem ao imperceptível ou quase, ao microscópico visível a olho exercitado nas variações atômicas. O equilíbrio desse dispositivo é perpetuamente instável, à mercê de radicais alterações geradas pelo adejar de uma borboleta. Teoria das catástrofes... Todo ser evolui de maneira precária no dispositivo do outro; cada um permanece no centro do seu; todo o mundo ocupa um lugar provisoriamente. Somente a tensão ética, a preocupação moral e a ação justa permitem a manutenção num polo de excelência.

Não há mais juízo final, não há potência dominando de maneira transcendente a questão moral, nenhuma impunidade já em nome de uma justiça divina e *post-mortem*... A sanção, nessa ética imanente, é imediata. Nesse movimento browniano perpétuo, Deus não julga, porque nada nem ninguém julga, o resultado consiste apenas na determinação de uma relação. A decomposição de uma relação ou a sua solidificação, eis as únicas consequências: nada além do bastante concreto. Não é preciso, para isso, de um terceiro celestial...

3
Uma dialética da polidez

O hedonismo supõe portanto um cálculo permanente a fim de abranger, numa situação dada, os prazeres esperados, mas também os desprazeres possíveis. Façamos a lista do que pode ocorrer de regozijante ou aborrecido, de prazenteiro ou desagradável, depois julguemos, pesemos, calculemos, antes de agir. Epicuro explica esta regra matemática: não concordar com um prazer aqui e agora se ele tiver de ser pago mais tarde com um desprazer. Renunciar a ele. Melhor: escolher um desprazer no ato, se ele levar mais tarde ao nascimento de um prazer. Evitar portanto o puro júbilo instantâneo. Porque fruição sem consciência nada mais é que ruína da alma...

A soma dos prazeres deve sempre prevalecer sobre a dos desprazeres. O sofrimento, em toda ética hedonista, encarna o mal absoluto. Sofrimento suportado, sofrimento infligido, evidentemente. Por conseguinte, o bem absoluto coincide com o prazer definido pela ausência de distúrbios, a serenidade adquirida, conquistada e mantida, a tranquilidade da alma e do espírito. Esse jogo conceitual pode parecer complexo, essa tensão mental dá a impressão de uma impraticabilidade radical, essa preocupação permanente com o terceiro, essa cena ética montada em permanência, esse teatro moral sem trégua fazem crer numa proposição titânica, insuportável, não mais viável que a moral judaico-cristã da santidade.

Certamente, mas só se faltar o adestramento neuronal anterior que possibilita integrar numa forma reflexa essa maneira de agir. Porque, se preexiste uma educação moral e se os feixes nervosos funcionam corretamente, essa aritmética não requer esforços penosos. Ao contrário: a fluidez com que ela se pratica gera inclusive um regozijo. Porque existe um prazer real em ser ético e em praticar a moral – em virtude da solicitação do feixe hedônico das recompensas na massa cinzenta.

Toda aritmética dos prazeres obriga a uma preocupação com o outro – a definição do núcleo duro de toda moral. Aos olhos dos seus adversários, o hedonismo passa por ser o sintoma da indigência da nossa época: individualismo, dizem – confundido porém com o egoísmo: o primeiro afirma que só existem indivíduos; o segundo, que só há ele –, autismo, defesa do consumidor, narcisismo, indiferença para com os males alheios e da humanidade inteira...

Na verdade o hedonismo defende exatamente o inverso. O prazer *nunca* se justifica se custar o desprazer do outro. Só existe uma justificativa para o desprazer do outro: quando não se pode fazer de outro modo para evitar o império destruidor da negatividade de um terceiro. Em outras palavras: quando a guerra tornou-se inevitável. O regozijo do outro induz o meu, o desagrado do outro produz o meu.

Ao contrário da moral cristã, que é estática, escapa da história e disserta sobre o absoluto, a ética que proponho é dinâmica. Ela não vive de teoria, mas de casos concretos. O outro, sejamos nominalistas, constitui um conceito útil para dissertar, e nada mais. Certamente não o Deus de uma religião do humanismo. Porque só há situações concretas nas quais se encontram indivíduos.

A atenção supõe a tensão. O outro me requer na perspectiva de uma relação bem-sucedida capaz de gerar a minha satisfação, tropismo antropológico e psicológico a que somos condenados. Seu prazer é constitutivo do meu. Mesma coisa com seu desprazer. Os tratados de moral catequizam Outrem. Ora, a moral, arte do detalhe, triunfa na encarnação modesta: uma palavra, um gesto, uma frase, uma atenção, eis o lugar da ética, e não a pregação laica de um filósofo que faz malabarismos com o Bem em si ou com a Virtude em absoluto.

Assim, entre a quantidade de grandes virtudes, do gênero o Bem, o Belo, o Verdadeiro, o Justo, procuraríamos em vão uma virtude minúscula capaz de produzir efeitos magníficos. O Bem, sim, mas como? De que maneira? Dissertar com ídolos maiúsculos distancia do real, terreno, no entanto, de toda intersubjetividade ética. O volumoso *Traité des vertus* [Tratado das virtudes], de Jankélévitch, nos deixa muitas vezes perturbados diante do gesto realmente ético.

A polidez proporciona a via de acesso às realizações morais. Pequena porta de um grande castelo, ela conduz diretamente ao outro. Que diz ela? Afirma ao outro que o vimos. Logo, que ele *é*. Cuidar de uma porta, praticar o ritual das fórmulas, perpetrar a lógica das boas maneiras, saber agradecer, acolher, dar, atuar por uma alegria necessária na comunidade mínima – dois... –, eis como *fazer* ética, *criar* moral, *encarnar* valores. O saber viver como saber ser.

A civilidade, a delicadeza, a doçura, a cortesia, a urbanidade, o tato, a prestimosidade, a reserva, a obsequiosidade, a generosidade, o dom, o empenho, a atenção são variações sobre o tema da moral hedonista. O cálculo hedonista supõe, como o cálculo mental, uma prática regular capaz de gerar a velocidade necessária. Quanto menos se pratica a polidez, mais ela se torna difícil de aplicar. Inversamente, quanto mais você se aplica, melhor ela funciona. O hábito supõe o adestramento neuronal. Fora do campo ético, encontramos apenas um campo etológico. A impolidez caracteriza a selvageria. As civilizações mais pobres, mais humildes, mais modestas dispõem das suas regras de polidez. Somente as civilizações fissuradas, prestes a desaparecer, submetidas por mais fortes que elas, praticam a impolidez em série. A fórmula da polidez para com o outro sexo define o erotismo.

terceira parte
UMA ERÓTICA SOLAR

I
O IDEAL ASCÉTICO

1
A mitologia da falta
Vinte séculos de judaico-cristianismo – *grosso modo...* – deixam marcas na formação do corpo ocidental. A reciclagem da tradição pitagórica, mas sobretudo platônica, lega à Europa cristã um corpo esquizofrênico, que se odeia, que salva em si a ficção de uma pretensa alma imaterial e imortal, e que termina fruindo da pulsão de morte cultivada *ad nauseam* pela ideologia dominante.

Se, como em Crébillon, o sofá dos analistas pudesse falar, mesma coisa no caso da poltrona do consultório do sexólogo, seriam ouvidas muito provavelmente coisas consternadoras sobre o uso sexuado da carne, as voltas e os meandros da libido e o que chamarei globalmente de a miséria sexual para evitar o que, da zoofilia à necrofilia, passando pela pedofilia, mostra a aborrecida propensão do *homo sapiens* a fruir de objetos passivos, submetidos por sua violência. O célebre casal heterossexual, para reduzir meu tema, também sofre com a presença da brutalidade selvagem.

O erotismo age como antídoto para a sexualidade definida pela sua naturalidade bestial: quando o sexo fala sozinho, exprime as pulsões mais brutas do cérebro reptiliano; quando ele se manifesta no artifício, junta o melhor da civilização que o produz. Se procuramos a propensão judaico-cristã para as eróticas chinesa, indiana, japonesa, nepalesa, persa, grega, romana, não encontramos nada. A não ser o inverso de uma erótica: ódio ao corpo, à carne, ao desejo, ao prazer, às mulheres e ao gozo. Nenhuma arte do gozo católica, mas um engenhoso dispositivo castrador e destruidor de toda veleidade hedonista.

Um dos pilares dessa máquina de produzir eunucos, virgens, santos, mães e esposas em quantidade se efetua sempre em detrimento do feminino na mulher. Ela é a primeira vítima desse antierotismo, culpado de tudo nesse terreno. Para fundar essa lógica do pior sexual, o Ocidente cria o mito do desejo como carência. Do discurso sobre o andrógino proferido por Aristófanes no *Banquete* de Platão aos *Escritos* de Jacques Lacan, passando pelo *corpus* paulino, a ficção dura e perdura.

O que ela diz? Em substância: homens e mulheres provêm de uma unidade primitiva destituída pelos deuses por causa da sua insolência em fruir da sua totalidade perfeita; somos fragmentos, pedaços, incompletude; o desejo designa a busca dessa forma primitiva; o prazer define a crença na realização fantasmática desse animal esférico, porque perfeito. O desejo como carência e o prazer como cúmulo dessa carência, eis a origem do mal-estar e da miséria sexual.

De fato, essa ficção perigosa conduz a maioria a buscar o inexistente, logo a encontrar a frustração. A busca do príncipe encantado – ou da sua fórmula feminina – produz decepções: nunca o real suporta a comparação com o ideal. A vontade de completude gera sempre a dor da incompletude – tirante mecanismos de defesa, como a negação da realidade, que vedam a manifestação da evidência à consciência. A decepção sempre termina por ver o dia quando se indexa seu real ao imaginário veiculado pela moral dominante, ajudada nisso pela ideologia, pela política, pela religião, agindo de comum acordo para produzir e manter essa mitologia primitiva.

Ora, o desejo não é carência, mas excesso que ameaça transbordar; o prazer não define a completude pretensamente realizada, mas a conjuração do transbordamento pela efusão. Não há metafísica dos animais primitivos e andróginos, mas uma física das matérias e uma mecânica dos fluidos. Eros não provém do céu das ideias platônicas, mas das partículas do filósofo materialista. Donde a necessidade de uma erótica pós-cristã, solar e atômica.

2
A ideologia familista

Na lógica do animal reconstituído, o par fusional passa pela coroação da erótica judaico-cristã. A incapacidade metafísica da maioria dos mamíferos familiarizados com o instinto gregário, a matilha, o rebanho, encontra aí sua resolução na forma de antídoto. Quando o bovarismo fala de amor, de alma irmã, de príncipe e de princesa, a razão enxerga um contrato social ou um seguro de vida existencial. A dois, a dor de ser no mundo parece menor. Ilusão, aqui também...

O discurso amoroso mascara a verdade da espécie: o romance, a propaganda midiática – publicidade e cinema, televisão e imprensa dita feminina – contam o amor à primeira vista, a paixão, a formidável potência do sentimento, o amor maiúsculo, em que a razão abre brutalmente os olhos falando de feromônios, lei da espécie, desígnio cego da natureza que visa a homeostasia do parque dos mamíferos com neocórtex.

Quando a filosofia falta, a biologia reina. Se não a etologia – que dela depende. O macho preexiste ao homem, a fêmea às mulheres. A repartição social dos papéis se efetua em relação à progenitura. Sem conhecer o detalhe meticuloso do mecanismo de produção, a mulher, que fica mais lenta e cansada com o peso da criança no ventre, não pode, de fato, acompanhar o macho nas operações de caça ou na colheita em meio hostil. Isso se soma ao apresamento ao lar por causa do filho ou dos filhos já presentes.

Naturalmente, a família mobiliza macho e fêmea, cada um para um papel particular. Para as mulheres: cuidar do fogo, preparar os alimentos, cozinhar, tecer, curtir, juntar as peles, costurar, fiar a lã, fornecer as roupas – todas essas atividades sedentárias; enquanto seus companheiros caçam, pescam, colhem ou mesmo cultivam – lógicas nômades, essas todas. Milênios mais tarde, apesar da camada cultural e dos estratos intelectuais das civilizações, acaso é diferente?

Esse arranjo primitivo etológico é recuperado pela política e pela sociedade, que lhe dão crédito na forma de lei fundadora. Por conseguinte, a família, com seus polos nômades e sedentários, constitui a célula básica da sociedade. Ela age como primeira engrenagem da mecânica estatal que, para existir, tenta, conscientemente ou não, reproduzir o plano do mundo dos deuses: onde o monoteísmo triunfa, a família reproduz a ordem celeste. Um só Deus – também dito Deus Pai; o Pai, por sua vez, toma emprestado seus atributos para reinar na família: poder total com base no princípio do direito divino, palavra fundadora, verbo performativo, ocupação do topo da hierarquia. O par Deus e seu povo fornece o esquema da cidade de Deus; o macho e sua tribo, o pai de família, o da cidade dos homens.

Seccionado, sofrendo a carência, encontrando sua metade, reconstituindo a unidade primitiva, fruindo o prazer dessa fusão realizada, recuperando a paz na reconstituição de uma entidade fictícia, o par não para de perfazer seu amálgama existencial pela produção de um terceiro, depois de vários. A família nuclear realiza o projeto da espécie possibilitando a consumação do desígnio da natureza.

Acreditando-se libertados das limitações etológicas, os homens vestem essa verdade trivial com um véu de conceitos úteis para camuflar neles a permanência do mamífero. A permanência e os plenos poderes desse determinismo natural que subsiste na parte mais primitiva do sistema neuronal. A família magnifica menos o amor encarnado de dois seres livres e conscientes de seus projetos do que o destino fatal de toda forma viva no planeta.

3
A codificação ascética

A priori, o desejo ativa uma formidável força antissocial. Antes da sua captura e da sua domesticação em formas apresentadas como socialmente aceitáveis, ele representa uma energia perigosa para a ordem estabelecida. Sob seu império, não conta mais nada do que constitui um ser socializado: organização do tempo controlada e repetitiva, prudência na ação, economia, docilidade, obediência, tédio. Por conseguinte, triunfa tudo o que se opõe a isso: liberdade total, reino do capricho, imprudência generalizada, gastos suntuários, insubmissão a valores e princípios correntes, rebelião em face das lógicas dominantes, completa associalidade. Para ser e durar, a sociedade deve enjaular essa potência selvagem e sem lei.

Uma segunda razão explica a codificação ascética dos desejos e dos prazeres: a vontade feroz de reduzir a nada a incrível potência do feminino. A experiência ensina rapidamente o macho, que, em matéria de sexualidade, obedece somente às leis da natureza. O prazer das mulheres não casa com a barbárie natural porque requer o artifício cultural, o erotismo e as técnicas do corpo – respiração, domínio dos fluxos, retenção, variações das posições corporais, etc. É inacessível para quem se contenta com seguir sua natureza. Inacessível e sem fundo.

Inábil, descuidado, ignorando a prestimosidade, o homem goza sozinho e, antes de qualquer construção ética da culpa, não gosta de que sua parceira permaneça no limiar do prazer. Não por preocupação com o outro, nem por empatia moral com sua frustração, mas por orgulho: a seus olhos, ele passa por impotente, incompetente, um macho incompleto, uma potência fictícia porque deficiente. Idêntica imagem reflexa, pouco narcísica demais, fere o orgulho do macho, que, para resolver o problema, vale-se de todos os recursos possíveis e se refugia na redução do desejo feminino à porção côngrua. Nessa empresa funesta, o judaico-cristianismo é imbatível, e o islã com ele.

O medo da castração no indivíduo macho, depois o desejo para a sociedade de acertar as contas com uma potência que a contesta e a põe em perigo, permite que os homens, os habituais construtores de cidade, de nação, de religião, de reino, codifiquem o sexo. O código de boa conduta libidinal feminista torna-se, então, por pura promoção do arbítrio macho, a lei intransgredível. Potência do falocentrismo e do medo da castração...

Como elaborar e, depois, promulgar esse código? Com ajuda da religião, excelente cúmplice em matéria de extinção das libidos. Para conter, se não suprimir a libido, o ungido de

Deus – messias, apóstolo, padre, papa, filósofo cristão, imã, rabino, pastor, etc. – decreta que o corpo é sujo, impuro, que o desejo é culpado, o prazer imundo, a mulher definitivamente tentadora e pecadora. E aí decreta a solução: abstinência integral.

Como a renúncia aos prazeres da carne é uma visão do espírito, depois de ter estabelecido exigências bem elevadas para criar a culpa do pobre coitado incapaz de se elevar à altitude ideal, finge-se manifestar benevolência e compreensão, propondo uma alternativa. Se o sacrifício total do corpo permanece inacessível, admite-se enfim, efeito de generosidade, um sacrifício parcial: a castidade familiar basta. O casamento a possibilita. Ver todas as elucubrações de Paulo de Tarso em suas diferentes *Epístolas*.

Essa solução de recuo tem o mérito de deixar à sociedade – logo à espécie... – o caminho livre para seus projetos: consentindo uma sexualidade unicamente no âmbito familiar, monogâmico, consagrado pelo casamento cristão, Paulo e outros teóricos cristãos desses temas – os Padres da Igreja – deixam uma (pequena) margem de manobra para os parceiros e, sobretudo, abrem uma avenida para a reprodução da espécie, logo para a perenidade da comunidade humana gerada pelos atores dessa ideologia do ideal ascético.

Com o tempo, a chama da paixão original se atenua, depois desaparece. O tédio, a repetição, o enjaulamento do desejo (libertário e nômade por excelência) na forma obrigada de um prazer repetitivo e sedentário extingue a libido. Na família, onde o tempo é dedicado prioritariamente aos filhos e ao esposo, a mulher morre com o triunfo nela da mãe de família e da esposa que consomem e consumem a quase totalidade da sua energia.

Escrita na língua do hábito e da repetição, a sexualidade conjugal instala a libido nos escaninhos apolinianos de uma vida familiar regrada, na qual o *indivíduo* desaparece em benefício do *sujeito*. Dioniso perece, a miséria sexual se instala. Tanto que, à força de determinismos sociais, de propagandas ideológicas moralizadoras generalizadas, a servidão se torna voluntária e, definição da alienação, a vítima acaba até encontrando prazer na renúncia a si.

II
UMA LIBIDO LIBERTÁRIA

1
O eros leve

Para abolir essa miséria sexual, acabemos com as lógicas perversas que a tornam possível – o desejo como carência; o prazer associado ao auge dessa suposta carência na forma de um par fusional; a família desviada da sua necessidade natural e transformada em resolução da libido encarada como um problema; a promoção do casal monogâmico, fiel, que compartilha o mesmo lar no dia a dia; o sacrifício das mulheres e do feminino nelas; os filhos transformados em verdade ontológica do *amor* dos pais. O trabalho de superação dessas ficções socialmente úteis e necessárias, mas fatais para os indivíduos, contribui para a construção de um eros leve.

Para começar, dissociemos amor, sexualidade e procriação. A confusão dessas três instâncias pela moral cristã obriga a amar o parceiro da relação sexual na perspectiva de fazer um filho. Acrescentemos que essa pessoa não pode ser uma relação passageira, mas um marido devidamente esposado pela esposa, e uma mulher expressamente desposada! Se não, pecado.

O avanço dos costumes acoplado ao da ciência possibilita um verdadeiro domínio da fecundidade com a ajuda da contracepção. Obviamente proibida pela Igreja, ela permite uma primeira dissociação revolucionária: a sexualidade para o prazer sem o temor de uma geração vivida como punição. A livre disposição da sua libido por combinações lúdicas e não obrigatoriamente familiares. À lei Neuwirth acrescentemos a lei Veil, que permite a interrupção voluntária de uma gravidez indesejada. Aqui também mais uma autêntica revolução.

Um segundo tempo igualmente radical deveria tornar possível a sexualidade sem o amor que a acompanha – se definirmos o amor como o sentimento promulgado para pôr na sombra a exigência da natureza sob o dispositivo do casal monogâmico, fiel e coabitante. A separação em relação ao amor não exclui a existência do sentimento, do afeto ou da ternura. Não querer se comprometer por toda a vida numa história de longa duração não impede a promessa de uma doçura amorosa. A relação sexual não visa produzir efeitos num futuro mais ou menos próximo, mas desfrutar plenamente do puro presente, viver o instante magnificado, esgotar o aqui e agora em sua quintessência.

Não é preciso carregar a relação sexual de uma gravidade e de uma seriedade *a priori* inexistentes. Entre a inocência bestial, a inconsequência de uma banalização da troca de carne e a transformação do ato sexual em operação embebida de moralina, existe um lugar para uma nova intersubjetividade leve, doce e terna.

O eros pesado da tradição indexa a relação à pulsão de morte e ao que dela decorre: a fixidez, a imobilidade, a sedentariedade, a falta de inventividade, a repetição, o hábito ritualizado e descerebrado, e tudo o que faz parte da entropia. Em compensação, o eros leve, conduzido pela pulsão de vida, quer o movimento, a mudança, o nomadismo, a ação, o deslocamento, a iniciativa. Para oferecermos um óbolo à imobilidade, sempre nos será mais que bastante o nada no túmulo.

A construção de situações eróticas leves define o primeiro grau de uma arte de amar digna desse nome. Ela supõe a criação de um campo de vibrações atômicas em que pairam as pequenas percepções dos simulacros. De Demócrito à neurobiologia contemporânea, passando por Epicuro e Lucrécio, somente a lógica das partículas pode cortar em pedaços o fantasma das ideias platônicas sobre esse tema.

O *parti pris* do puro instante não exclui sua duplicação. A reiteração dos instantes contribui para a formação de uma longa duração: não se começa pelo fim, não se aposta na destinação de uma história, mas constrói-se essa história peça por peça. Assim, podemos muito bem imaginar o momento como o laboratório do futuro, seu cadinho. O instante não funciona como um fim em si, mas como momento arquitetônico de um movimento possível.

2
A máquina solteira

Minha definição do solteiro não abrange a acepção habitual do estado civil. A meu ver, o solteiro não vive necessariamente sozinho, sem companheiro ou companheira, sem marido ou mulher, sem parceiro oficial. Solteiro define muito mais aquele que, apesar de comprometido numa história que podemos chamar de amorosa, conserva as prerrogativas e o uso da sua liberdade. Essa figura preza muito sua independência e desfruta da sua autonomia soberana. O contrato em que se instala não é de duração indeterminada, mas determinada, possivelmente renovável, decerto, mas não obrigatoriamente.

Construir-nos como máquina solteira em nossa relação de casal nos permite conjurar, na medida do possível, a entropia consubstancial aos arranjos fusionais. Para evitar o esquema *nada, tudo, nada*, que caracteriza com frequência as histórias abortadas, mal, não ou pouco construídas, vividas um dia após o outro, impulsionadas pelo cotidiano, capengas, a configuração *nada, mais, muito* me parece preferível.

Nada, tudo, nada caracteriza o modelo dominante: existimos separados, um ignorando o outro, nos encontramos, nos entregamos à natureza da relação, o outro se torna tudo, o indispensável, a medida do nosso ser, o aferidor do nosso pensamento e da nossa existência, o sentido da nossa vida, o parceiro em tudo, e no mais ínfimo detalhe, antes que, com a entropia produzindo seus efeitos, o outro se torne o incômodo, o incomodante, o cansativo, o chato, aquele que irrita e acaba por ser o terceiro a excluir, antes que, com a ajuda do divórcio

– e não raro da violência que o acompanha –, volte a ser novamente um nada – às vezes, um nada acrescido de um pouco de ódio...

O dispositivo *nada, mais, muito* parte do mesmo ponto: dois seres não sabem nem sequer que existem, se encontram, depois constroem com base no princípio do eros leve. Desde então, se elabora dia após dia uma positividade que define o *mais* – mais ser, mais expansão, mais júbilo, mais serenidade adquirida. Quando essa série de *mais* possibilita uma soma real, o *muito* aparece e qualifica a relação rica, complexa, elaborada com base no modo nominalista. Porque não existe nenhuma outra lei além da lei da ausência de lei: só existem os casos particulares e a necessidade que tem cada um de construir de acordo com os projetos que convêm à sua idiossincrasia.

O solteiro evolui no segundo caso. O modo operatório dos arranjos solteiros rejeita a fusão. Ele execra o desaparecimento anunciado dos dois numa terceira forma, numa terceira força sublimada pelo amor. Na maior parte do tempo, a negação não diz respeito às duas partes do casal, mas a uma delas, que sucumbe, segundo as leis da etologia, ao mais forte, ao dominante, ao persuasivo – que nem sempre é quem acreditamos.

O amálgama das singularidades não se mantém por mais tempo do que a negação da realidade permite. Às vezes, conforme a densidade da neurose, o bovarismo funciona a vida toda... Mas, quando, no detalhe da vida cotidiana, nos meandros do anedótico e do infinitesimal que concentram o essencial, o real mina regularmente o edifício conceitual platônico que serve de base para o casal tradicional, a estátua se revela um dia um colosso de pé de barro, uma ficção mantida unicamente pela vontade de crer nas histórias da carochinha. Então, do *tudo* se passa ao *nada*.

3
Uma metafísica da esterilidade

A figura do solteiro vai de par com uma real metafísica da esterilidade voluntária. De fato, vê-se mal como a subjetividade zelosa da sua liberdade poderia preservar sua autonomia, sua independência, sua própria faculdade de poder fazer, ainda que não faça, tendo um filho a seu encargo (a expressão convém à perfeição...). Com maior razão, muitos.

A possibilidade fisiológica de conceber um filho não obriga passar ao ato – assim como o poder de matar não gera de forma alguma o dever de consumar um homicídio. Se a natureza diz: "você pode", a cultura não acrescenta forçosamente: "logo, você deve". Porque nós podemos submeter nossas pulsões, nossos instintos e nossas vontades à grade analítica da razão. Por que fazer filhos? Em nome do quê? Para fazer o que deles? Que legitimidade temos para fazer surgir do nada um ser a que, no fim das contas, só se propõe uma breve passagem por este planeta antes de voltar para o nada de que provém? Gerar pertence em grande parte a um ato natural, a uma lógica da espécie a que obedecemos cegamente, ao passo que tal operação, metafísica e realmente pesada, deveria obedecer a uma escolha razoável, racional, informada.

Somente o solteiro que ama superiormente os filhos enxerga além da ponta do seu nariz e avalia as consequências a infligir a pena da vida a um não ser. É assim tão extraordinária, alegre, feliz, lúdica, desejável, fácil a vida para que a demos de presente aos filhos do homem? Deve-se amar a entropia, o sofrimento, a dor, a morte para que, apesar disso, ofereçamos tanto assim esse trágico presente ontológico?

A criança, que não pediu nada, tem direito a tudo, principalmente a que cuidemos dela totalmente, absolutamente. A educação não é uma criação, como a de animais – o que supõem os que falam em *criar filhos*. Mas a atenção de cada instante, de cada momento. O adestramento neuronal necessário à construção de um ser não tolera um só minuto de desatenção. Você destrói um ser com um silêncio, uma resposta diferida, uma negligência, um suspiro, sem perceber, cansado pela vida cotidiana, incapaz de ver que o essencial para o ser em formação não se joga de tempo em tempo, mas em permanência, sem trégua.

É preciso muita inocência e muita inconsequência para se engajar na edificação de um ser, quando com frequência, com muita frequência, não se dispõe nem sequer dos meios de uma escultura de si ou de uma construção de seu próprio par na forma apropriada do seu temperamento. Freud previu, entretanto: o que quer que se faça, uma educação é sempre fracassada. Quanta razão lhe dá um olhar sobre a biografia da sua filha Anna!

O filho obtido numa família une definitivamente o pai à mãe. La Palice* confirma: um homem (ou uma mulher) pode deixar de amar sua mulher (ou seu marido), todavia ela (ou ele) continuará sendo para sempre a mãe (ou o pai) de seus filhos. A confusão entre a mulher, a mãe e a esposa no casal clássico – idem para o arranjo homem, pai, marido – provoca irreparáveis danos aos filhos, uma vez desfeito esse arranjo. A procriação age como uma nova armadilha para impedir o eros leve e condenar ao peso de uma erótica a serviço de mais do que ela, a saber, a sociedade.

Não há, como ouço com frequência, uma alternativa que oponha o egoísmo dos que se recusam a ter filhos à generosidade compartilhadora dos casais inteiros na abnegação, mas seres que têm o interesse, tanto um como outro, de agir como agem. O egoísmo de genitores que seguem sua inclinação vale tanto quanto o egoísmo de quem opta pela esterilidade voluntária. Creio no entanto que só um real amor aos filhos dispensa alguém de fazê-los...

---

* Grande marechal da França, La Palice teve seu nome associado às afirmações óbvias, tautológicas (chamam-nas uma "verdade de La Palice"), por causa da infelicidade destes versos de uma canção que exaltava sua coragem: "quinze minutos antes de morrer, / ele ainda estava vivo". (N. do T.)

III
A HOSPITALIDADE CARNAL

1
O pacto erótico
Claro, existe uma lógica do instinto, das paixões e das pulsões. Todo o mundo sabe disso, todo o mundo a sente, vê e experimenta. Mas ocorre também, mais raro, uma razão erótica capaz de esculpir esses blocos de energia selvagem. Ela possibilita não deixar a natureza agir brutalmente, transformando os humanos em animais submetidos a uma pura fatalidade, integralmente determinados por suas leis acéfalas. A cultura erótica trabalha o sexo natural para produzir artifícios éticos, efeitos estéticos, júbilos inéditos na selva, no estábulo ou no fosso.

Aqui como alhures, na ética – ver precedentemente –, o contrato define a forma intelectual, civil, cívica e política que permite resolver o problema da violência natural. No estado sexual natural, a etologia atesta, somente existem territórios marcados pelas glândulas, demonstrações de força, combates de machos pela posse das fêmeas, posturas de dominação ou de submissão, hordas soltas contra os mais fracos, destruição dos menos adaptados, gozo feudal do macho dominante antes que um mais moço, um mais forte, um mais determinado o substitua...

Não há erotismo no rebanho, na matilha ou no arranjo gregário. Em compensação, toda microssociedade intelectualmente constituída o permite. E a fórmula inaugurada pelo contrato hedonista constitui esse território regrado de dois seres – pelo menos – preocupados em construir sua sexualidade segundo a ordem de seus caprichos sensatos, graças à linguagem habilitada a precisar as modalidades daquilo a que um se compromete. O contrato exige a palavra dada, necessita portanto de um grau de civilização elaborado, de um refinamento certo, se não de um certo refinamento.

Claro, essa configuração ética e estética ideal supõe contratantes sob medida. A saber: claros sobre o seu desejo, nem inconstantes ou volúveis, não hesitantes, nem um pouco afligidos com a contradição, tendo resolvido seus problemas e não carregando sua incoerência, sua inconsequência e sua irracionalidade a tiracolo. O que caracteriza esse gênero de personagens? A traição permanente da palavra dada, a mudança de opinião e a memória seletiva, interessada, o gosto pela tergiversação verbal e verbosa para legitimar e justificar suas viradas de casaca, um talento consumado para não fazer o que dizem e para agir ao revés do que anunciam. Com esse gênero de cidadãos, nenhum contrato é possível. Uma vez detectado, passar longe...

Em compensação, quando se escolhe um indivíduo para o qual a linguagem não é desmonetizada, o contrato se torna possível. Sua forma? Os juristas a dizem sinalagmática: a desobrigação de um dos dois põe subitamente fim a ele, em caso de desrespeito das cláusulas. Seu conteúdo? À escolha e à discrição das pessoas envolvidas: um jogo terno, uma perspectiva erótica lúdica, uma combinatória amorosa, uma reunião destinada a durar, um compromisso de uma noite ou de uma vida, cada vez uma relação sob medida.

Ninguém é obrigado a contratar, ninguém é coagido ou forçado a fazê-lo. Em compensação, uma vez o pacto firmado, não existe razão alguma para romper com ele, salvo o caso de desrespeito das cláusulas pelo outro. Por conseguinte, a fidelidade adquire um sentido diferente no caso de um eros leve e no de um eros pesado. Os segundos entendem: o usufruto em propriedade nua do corpo do outro; os primeiros pensam: respeito à palavra dada. O infiel só o é em relação a seu juramento de fidelidade. Quem não jurou não poderia ser perjuro. Ora, como o casamento, religioso e civil, comporta esse tipo de compromisso, parece prudente saber a quem se diz "sim", quando se pronuncia esse performativo fatal.

Donde o interesse em não contratar além do que se pode cumprir. O conteúdo do contrato não deve exceder as possibilidades éticas de quem consente. Que lógica há, por exemplo, em se prometer "mutuamente fidelidade e assistência", e isso "no melhor e no pior" – fórmulas do *Código civil* francês – por toda a duração da existência? E isso sem falar no juramento religioso, que, imodesto como ele só, compromete pela eternidade e além...

Nessa história, a fidelidade é, primeiramente, um assunto entre si e si. A liberdade de escolher supõe a obrigação de cumprir. A boa distância assim criada diz respeito a si e ao outro, tanto quanto a parte em si que se compromete e a que avalia o grau de lealdade consigo. Ela gera as condições de uma intersubjetividade harmoniosa a igual distância do excesso de fusão e da demasia de solidão, na serenidade de uma relação ataráxica.

2
As combinações lúdicas

O contrato tem a riqueza do que lhe damos. Vazio, se não for alimentado; cheio, se for carregado com as promessas de felicidade. Para evitar as relações calibradas da amizade platônica, do amor ordinariamente literário, das histórias com serviçais, do adultério burguês, dos intercâmbios tarifados, do inevitável trio clandestino e outras banalidades básicas, reivindiquemos o eros nominalista. Isto é?

A combinação lúdica mais capaz de possibilitar a realização das fantasias numa lógica contratual: assim, quando arquiteta seus castelos libidinosos, Sade se instala numa lógica feudal. O Senhor pega, abusa, consome, destrói, mata a seu bel-prazer. Nunca há contrato, mas a encenação exacerbada da depravação na Natureza. Em compensação, quando Michel Foucault define o sadomasoquismo como uma ética da doçura, ilustra esse novo tipo de intersubjetividade voluntária.

A arte combinatória do eros leve tem mais a ver com Fourier, que em seu falanstério trata de tornar possível toda fantasia pessoal: basta formulá-la, solicitar um parceiro, um cúmplice, para que se construa uma história inédita, sob medida, de um capricho erótico. Para designar o inédito, Fourier cria neologismos: luxismo, angelicato, faquirato, uniteísmo, dançarinato; qualifica novas paixões: borboleteante, pivotal; teoriza a orgia: nobre, de museu, etc.; amplia os possíveis sexuais e inclui as crianças, os velhos, os feios, os deformados; celebra a prostituição universal, os amores potenciais; classifica os cornos: transcendente ou cauteloso, chifrudo ou pré-datado, apóstata ou de emergência, bonachão ou fanfarrão – e com quase uma centena de acepções..., etc. Propõe – título da sua principal obra sobre o tema – *Uma nova ordem amorosa*.

O único defeito de Fourier foi o de querer organizar uma sociedade hedonista. Na perspectiva aberta por Deleuze, de um "devir revolucionário dos indivíduos", a questão que se coloca é menos a de construir uma sociedade fechada, estática, que prefigura o campo de concentração, ou mesmo o campo de prazer..., do que a de fazer esses possíveis agirem nos espaços invisíveis forjados por nós mesmos na perspectiva do livre contrato. Querer um lúdico dinâmico, nômade, alérgico a toda e qualquer petrificação societal.

Essa riqueza erótica supõe múltiplos personagens: lição cardeal. Nenhum ser pode preencher sozinho todas essas funções no momento preciso, com a perfeição de uma encarnação ideal. O par clássico pensa que o outro concentra todas as potencialidades: ao mesmo tempo criança e mestre, pai e filho, forte e frágil, protetor e exposto, amigo e amante, educador e irmão, marido e confidente – mesma coisa no feminino. Como um só indivíduo poderia representar o papel correto, o papel justo, no instante *ad hoc*? Patranhas...

A possibilidade dessas combinações lúdicas supõe a diversidade dos parceiros. Ninguém pode por si só se ativar com base no princípio de Deus: ubiquidade, eficácia múltipla, plasticidade passional, polimorfismo sentimental. Cada um dá o que pode: doçura, beleza, inteligência, disponibilidade, ternura, devoção, paciência, cumplicidade, erotismo, sexualidade, um misto, uma série de configurações improváveis, todas elas figuras de estilo nominalistas.

Essas microssociedades eletivas, eróticas, não ganham nada com se encontrar na transparência e na iluminação pública. Discretas, se não podem ser secretas, ganham tanto mais em eficácia quanto não se expõem ao juízo moralizador dos que, por falta de coragem, de qualidade, de temperamento, por falta de imaginação, de audácia, aspirariam a essa diversidade erótica, não a alcançam e, conforme um princípio velho como o mundo, conspurcam o que não podem nem sabem alcançar. Nem é preciso lhes dar a oportunidade de um falso moralismo que dissimula um verdadeiro ressentimento.

A discrição apresenta outra vantagem: ela impede que a inveja e o ciúme – essa prova de nosso irrefutável pertencimento ao reino animal, essa demonstração evidente da verdade etológica – devastem as relações nas quais um pouco de cultura possibilita muito erotismo. Num arranjo clássico, ninguém pode admitir o júbilo do outro se este não passar por si, porque ele dá a impressão de que o parceiro excluído não possui os meios dessa potência jubilosa encontrada num terceiro. Para evitar inveja e ciúme, mais vale não se colocar na situação de ter de experimentá-los... A discrição quanto a si obriga a recusar a indiscrição quanto ao outro.

3
Um feminismo libertino
Essa lógica de uma libido libertária, essa vontade de um eros leve, essa celebração da máquina solteira, essa metafísica da esterilidade, esse contrato hedonista, essas combinações lúdicas capazes de definir uma libertinagem pós-moderna não devem restringir-se a ser proposições de homens que as mulheres deveriam aceitar. Assim, seria contribuir para a miséria sexual, se não para aumentá-la em proporções consideráveis.

A libertinagem é uma forma ética que assume a cor da época em que se manifesta. A versão chinesa ou grega, etrusca ou romana, ou até, numa mesma zona geográfica, a Europa, por exemplo, a modalidade feudal, clássica, moderna, pós-moderna abrange um conjunto diverso e às vezes contraditório. O que há de comum entre esses momentos históricos diversos? O desejo de uma ataraxia filosófica, logo de relações sexuadas e sexuais menos passíveis de pôr em risco o equilíbrio existencial adquirido à força do trabalho sobre si mesmo. O eros leve procede de uma dietética que visa o estado filosófico da serenidade libidinal.

Assim, como pensar um feminismo libertino? Ou mesmo uma libertinagem feminina? O ideal seria que o epíteto de Don Juan parasse de ser valorizador para os homens e depreciativo para as mulheres, para quem equivale com muita frequência à ninfomaníaca. Porque há uma profunda injustiça no fato de utilizar uma expressão que procede positivamente do registro literário para qualificar os homens de eros leve, enquanto se mobiliza o vocabulário da psiquiatria para nomear exatamente o mesmo tropismo do lado feminino.

Para terminar com a libertinagem feudal, que deixa o posto de honra para os machos e transforma as mulheres em presa de um quadro de caçada a ser exibido, proponhamos uma libertinagem pós-moderna, igualitária, feminista também. Porque o feminismo original manteve por muito tempo o ódio sexista como resposta ao ódio dos machos. Na verdade, ele reproduzia a luta de classes no terreno dos sexos. Útil por seu papel dialético de inversão do pêndulo, esse feminismo me parece superado.

Quando a literatura produzir um equivalente de um Casanova mulher, de um Don Juan fêmea, e quando esse nome se tornar um substantivo valorizador para o indivíduo qualificado, poder-se-á falar, então, de uma real igualdade. Mas o trajeto parece longo para aquelas que, para tanto, têm de se emancipar da tirania da natureza que faz do seu determinismo biológico um destino. Para se tornar mulher, a natureza e a mãe devem ceder lugar ao artifício, quintessência da civilização. Perspectiva excitante, exaltante e jubilosa...

quarta parte
UMA ESTÉTICA CÍNICA

I
UMA LÓGICA ARQUIPELÁGICA

1
A revolução do pré-feito
Uns espertinhos dedicados a seu comércio de filósofos e instalados no nicho estético parecem acreditar possível uma história da arte... contanto que se economize a história! Eles dissertam sobre conceitos dissociados de todo contexto e fazem glosas, como contemporâneos amalucados de Platão, sobre o Belo em si, a essência do Belo, o Belo inefável e indizível, ou sobre o Belo como vetor de (da) transcendência, se não como prova da sua existência. Por pouco não convocam Deus, o qual, de resto, tratam de não questionar, a tal ponto seu esquema se inspira nessa facilidade filosófica.

Os mais reacionários – no sentido etimológico –, os mais conservadores no melhor dos casos, fazem causa comum com dois ou três que passam por vanguarda intelectual sobre esse assunto. O charlatão midiático compartilha o mesmo piquenique estético que nebulosos autores confidenciais convencidos de que sua obscuridade garante uma profundidade insondável. Ora, uma coleção de neologismos, um tecido de glossolalias sobre o inefável, o indizível, o incomunicável, o velado e outros bibelôs da teologia negativa, constitui um banal exercício autista e solipsista, e absolutamente não uma *análise* em boa e devida forma.

Ora, a arte vive *da* história, *nela*, *por* e *para* ela também. Como negar essa evidência! Ela escapa de um enfoque existencialista por causa da sua imbricação na matéria do mundo. Donde avanços, recuos, rupturas, impasses, desacelerações, revoluções. E, na origem de tudo isso, ou em efeitos induzidos, nomes, figuras e assinaturas. Assim, o Belo se inscreve numa história e em definições múltiplas, quando não contraditórias em relação à história e à geografia. Contra Kant, ele não define o que agrada universalmente e sem conceito, mas o que concerne particularmente e com conceitos.

A história da arte supõe as rupturas epistemológicas que a trabalham: o que prepara um movimento, uma corrente, o que o realiza, o vetor dessa dialética, os efeitos, as consequências, o melhor e o pior, a superação, a conservação, o vestígio deste momento, sua inscrição num tempo longo, tudo isso conta. Cada momento particular contribui para o movimento geral. O Belo não existe para o homem de Lascaux. Em compensação, tem significado para o contemporâneo de Baumgarten, antes de constituir uma lembrança para as gerações posteriores a Marcel Duchamp.

O primeiro *ready-made* – que traduzo como *pré-feito*... – age como uma centelha que põe fogo em toda a planície da estética. Farsa? Piada? Provocação de adolescente? Subversão anarquista? Facécia? Embromação de um destrambelhado que não tinha mais o que fazer? Tudo isso, talvez, mas também e sobretudo um verdadeiro golpe de Estado no mundinho regrado da arte que, com isso, vira uma página maior da sua história da arte: a do Ocidente cristão. Advento de um novo capítulo: a arte contemporânea. Chamo portanto de arte contemporânea a arte que se segue ao primeiro pré-feito.

Que lição essa revolução nos dá? Não existe verdade intrínseca da obra de arte e do Belo, mas uma verdade relativa e conjuntural. A arte não procede de um mundo inteligível, mas de uma configuração sensível, de um dispositivo sociológico. Kant se retrai e cede o lugar a Bourdieu... O objeto *pré-feito*, manufaturado, saído da loja, exposto num lugar preceituador de conteúdo estético se torna de fato um objeto de arte. A intenção do artista produz a obra, ela às vezes pode até bastar para constituí-la...

Acrescentemos a isso duas proposições maiores: de um lado, o observador faz o quadro; de outro, tudo pode servir como suporte estético. De um lado, o artista produz, claro, mas o espectador também tem de percorrer a metade do caminho para que se consuma todo o trajeto estético: nascimento do observador artista; de outro, desaparecimento das matérias nobres em benefício de materiais, nobres ou ignóbeis, triviais ou preciosos, materiais ou imateriais, etc.

2
A morte do Belo

O ato fundador de Duchamp junta-se aos deicidas, tiranicidas, parricidas ontológicos e companhia. Desde Platão, a lista aumenta com seguidores que, espiritualistas cristãos, idealistas alemães, teólogos negativos e companhia, reciclam a antífona de um Belo desencarnado, à parte do mundo real, vivendo como as ideias do Verdadeiro, do Bem, do Justo e outras ficções sem obrigações de encarnação. Por muito tempo, pois, o objeto presta contas à Ideia: relativamente à beleza absoluta, está mais ou menos próximo do modelo? Em caso de distância: feiura; em caso de proximidade: beleza.

A célebre teoria da participação platônica se apoia tanto mais nessa medida quanto economiza a reflexão sobre a legitimidade do juiz para julgar: de onde quem decide e decreta a beleza e a feiura tira a validade do seu julgamento, senão do grupo social que confere a autorização (a Igreja medieval e renascentista, o burguês flamengo do Grande Século, as monarquias europeias, o Estado capitalista da Revolução Industrial, o Mercado liberal americano de hoje em dia...)? Nada de muito ideal ou platônico!

O juízo de gosto mundano procede de uma rede sociológica, política, histórica, geográfica, e não de uma espécie de teologia conceitual que usa o Belo como ícone substituto numa civilização que tem menor estima por Deus e pela religião. Porque Deus e o Belo mantêm uma relação homotética: a matéria de um é muitas vezes a de outro. Consistências idênticas, lógicas semelhantes, invisibilidades comparáveis, faz-se muitas vezes da arte uma religião substituta ou uma aliada da religião, quando seu registro é radicalmente imanente. Incriados, incorruptíveis, inacessíveis à razão pura mesmo que bem conduzida, eternos, imortais, imutáveis, imputrescíveis, inalteráveis, Belo e Deus tocam juntos seus negócios.

Duchamp arremata o crime nietzschiano: depois da morte de Deus, que também significa a do Bem, logo do Mal, mas também do Belo – Nietzsche havia ressaltado isso evidentemente em certos fragmentos de *A vontade de poder* –, temos acesso a um mundo imanente, a um real aqui e agora. O céu esvaziado possibilita a terra cheia. A partir desse ato fundador, Marcel Duchamp avança no sentido de uma *desteologização* da arte em benefício de uma *rematerialização* do seu objetivo. A súbita e imediata vitalidade assim gerada permanece sem igual em toda a história da arte.

Nem por isso essa revolução desemboca no niilismo, na ausência de sentido ou na desorientação conceitual. Muito pelo contrário. Porque a hoje famosa *Fonte* gera um novo paradigma que relega vinte e cinco séculos de estética ao consumado, ao acabado. A obra de arte se torna mais que nunca *cosa mentale*. Ela cessa de ser Bela e porta, desde então, uma maior carga de Sentido a decifrar. Com essa ruptura epistemológica aumenta o aspecto enigma de cada objeto.

3
A arqueologia do presente

O *putsch* estético de Duchamp fragmenta duradouramente o campo artístico. O Estilo que definia uma época se encontra pulverizado em benefício de estilos que, paradoxalmente – artimanha da razão –, constituem o Estilo da modernidade recentemente gerada. Os longos períodos da arte pré-histórica cedem a vez a uma eflorescência de períodos breves, curtos, às vezes mortos mal nascem. Os cinco mil anos do magdaleniano constituem para um período o mesmo que o único ano do *BMPT*, os três do *Cobra* ou do *Novo Realismo*. Sem falar neste ou naquele movimento que durou apenas uma exposição...

A aceleração e a velocidade caracterizam o século XX: um embalo, uma metamorfose do tempo antigo, lento, em tempo hipermoderno, precipitado, rápido. Esse encurtamento das durações gera angústia, febrilidade, agitação. E o caos em que, na ausência de uma bússola ontológica, o niilismo se nutre. O antigo tempo geológico ou virgiliano, o tempo da natureza, cede lugar aos tempos contemporâneos, virtuais e digitais, que conhecem tão somente o puro e simples presente.

Essa formidável explosão gera ímpetos de energia. Alguns traçam caminhos, estradas, autoestradas. Outros desembocam em becos sem saída. Aqui, uma nova possibilidade estética rica, que dura, se desenvolve e produz reações em cadeia; ali, experiências abortadas, negatividades imediatamente visíveis. Abençoemos essa riqueza de potencialidades, porque a revolução de Duchamp, ao abolir o reino da univocidade e ao abrir o da plurivocidade, engendra muito mais a abundância que a penúria. E, de fato, na proliferação, o melhor vai de par com o pior, a obra-prima se avizinha da porcaria.

Por conseguinte, o juízo de gosto na arte em via de se fazer não se efetua sem risco. A falta de recuo obriga à perspectiva vaga que desaparece à medida do fluir do tempo com o aumento da nitidez dos contornos do movimento. A cartografia claramente traçada do século artístico se elabora pacientemente, no tempo lento que resiste às forças de aceleração.

Nessa torre de Babel se aninham novas possibilidades estéticas, claro, mas também éticas, políticas, ontológicas, metafísicas. Porque a arte proporciona a matriz de revoluções existenciais. A estética desempenha um papel maior na constituição de novos saberes fora dela. Seu registro não é de superestrutura ideológica, mas de infraestrutura mental para todos os setores da sociedade. A inverso das considerações burguesas que recorrem ao Belo transcendente para melhor aniquilar a potencialidade revolucionária da arte, desvendemos as chances de imanência oferecidas por esse campo de possíveis.

Essa mesma torre de Babel abriga ao mesmo tempo escórias: a negatividade dessa operação viva. Aí encontramos efetivamente os sintomas e os sinais do niilismo da nossa época.

A miséria intelectual e cultural deste tempo também se exibe na quantidade de proposições estéticas contemporâneas. Se quisermos defender a arte contemporânea, evitemos celebrar em bloco, o que requer a operação paciente de um direito de inventário: separar a positividade magnífica da negatividade residual. Defender a força ativa, recusar a força reativa. Donde uma espécie de medicina legista.

II
UMA PSICOPATOLOGIA DA ARTE

1
A negatividade niilista

As galerias de arte contemporânea exibem com frequência e complacência as taras da nossa época. Por que se deveria apreciar nas paredes destas o que se execra fora da atmosfera confinada do recinto artístico – sagrado hoje como foram por muito tempo os espaços religiosos consagrados? Como explicar esta esquizofrenia: cobre-se de ultraje o capitalismo liberal, fustiga-se a dominação do mercado, luta-se contra o imperialismo americano e, simultaneamente, adoram-se os símbolos, os ícones, os emblemas fabricados por esse mundo pretensamente amaldiçoado? Senão porque cremos pôr a distância, com base no velho princípio aristotélico da catarse, o que, no entanto, continua a nos persuadir da negatividade do nosso século, sem perspectiva de se desprender um pouco que seja dela.

Assim, o local oficial de exposição de arte contemporânea serve com demasiada frequência para se desfrutar do espetáculo de neuroses, psicoses e outras paixões tristes que trabalham nossa civilização da mesma maneira que atormentam um indivíduo. Nossa modernidade niilista, mercantil e liberal – cada um desses epítetos funciona como sinônimo – desenvolve uma loucura visível no uso dos objetos, das palavras, das coisas, dos corpos, do imaterial ou do material. Nada escapa da dominação da negatividade: ódio de si, dos outros, da carne, do mundo, do real, da imagem, da vida, celebração da ferida, da matéria fecal, da sujeira, do autismo, da podridão, do dejeto, da infâmia, do sangue, da morte, do grito, etc.

Muitas vezes, para dissimular a evidente brutalidade desses sintomas, o discurso teórico sobre a arte recorre ao argumento de autoridade e à citação intimidante a fim de envolver o sintoma num discurso. Para tanto, um monte de filósofos ou pensadores autenticados pelo meio serve para legitimar a indigência do objetivo intelectual, senão a inexistência do conteúdo da obra. Qualquer nulidade plástica se torna digna de interesse se for justificada por uma citação de Deleuze, uma frase de Guattari, uma referência a Baudrillard, uma lembrança de Virilio ou, hoje, um desvio por Sloterdijk.

Como uma proposição estética oca, mas modelada pelo vestido de um *corpo sem órgão*, vestida com o trapo velho tomado dos *fluxos desterritorializados*, calçada com os tamancos do *simulacro* e coberta com o chapéu dos *anjos vazios*, poderia passar pelo que verdadeiramente é: uma vigarice? O rei está nu, mas o punhado de membros da tribo que faz a arte contemporânea – galeristas, jornalistas especializados, cronistas estipendiados, escrevinhadores associados, etc. – fala em genialidade, se pasma e, apesar da nudez, disserta sobre a beleza da indumentária. Muitas vezes, dois ou três passantes contaminados se juntam ao coro dos abusadores abusados.

A esse uso terrorista da citação legitimante acrescentemos o tropismo da patologia pessoal transformada num brutal objeto de exposição sem o trabalho de uma sublimação digna desse nome. A pura e simples proposição da sua patologia em objeto autossuficiente não conta nada se esta não for paradoxalmente conservada pela superação que a criação de um objeto de investimento terceiro realiza. Sem a sublimação estética, a neurose é um sintoma clínico, nada mais.

O exibicionismo histérico não basta para criar uma ocasião artística. Que a loucura e a esquizofrenia possam se tornar o paradigma de uma época doente, dá para entender, mas também podemos não ceder a essa nova norma que transforma o interno do hospital psiquiátrico em horizonte insuperável da razão contemporânea. As loucuras de Hölderlin, Nietzsche ou Artaud suspendem a sua obra, abrem um parêntese significante no corpo da sua biografia, mas não constituem o senso oculto, nem o método, nem a verdade dela. O egotismo, o autismo – o *egoautismo*... –, o solipsismo narcísico, a glossolalia, a verbigeração, a organização deliberada da recusa de toda comunicação com o outro, a opção corporal regressiva se erigem equivocadamente em modelos positivos.

2
Permanência do platonismo

Estranhamente, a revolução induzida por Duchamp não relegou ao armário o tropismo platônico pela ideia, o conceito, o inteligível. Ela, antes, o reciclou. De que maneira? Poder-se-ia pensar que a revolução dos suportes produziria uma rematerialização da arte com uma celebração menor dos transcendentes, mas não foi o que ocorreu. O conceito reina como senhor absoluto, e não apenas no registro da arte conceitual. Nela, não raro o corpo é tido mais como um impedimento para ir no sentido do verdadeiro do que um parceiro para realizar sentido.

Na quase totalidade das produções estéticas, a ideia prima sobre a sua encarnação sensível e seu aspecto concreto, material. O *kitsch* vive disso e exprime a quintessência dessa perversão: ele sublima um objeto trivial, banal, comum, vulgar, em nome da mensagem que supostamente passa. Uma porcelana reproduzindo um animal, envernizada e colorida com pigmentos primários, deslocada da loja de 1,99, de que provém, se torna, por obra e graça da unção intelectual – o discurso feito sobre ela... –, uma das modalidades da verdade estética da nossa época. Na verdade, ela trai, isso sim, em efeito de espelho, o niilismo a que chega esse rebento da arte contemporânea ao reciclar a mercadoria duchampiana. A intenção prima sobre a realização, o conceito importa mais que o percepto. O virtual conta mais que o real, a ficção mais que a materialidade.

Para tornar mais preciso o quadro da permanência do platonismo, acrescentemos a essa religião da ideia o descrédito do corpo sensível, muitas vezes apresentado segundo o modelo judaico-cristão: portador de paixões, de pulsões, de desejos e de potencialidades vitalistas turvas e incômodas, cumpre fazer baixar a sua crista. Celebremos pois, em vez disso, a paixão dolorosa, o sangue crístico, a carne tumeficada, suja, corrompida, ferida, torturada, depois o cadáver – mostrado, exibido, detalhado, fotografado, cenografado, comido...

Dejetos corporais escatológicos – urina, excrementos –, *dejetos residuais fisiológicos* – pelos, cabelos, unhas, sangue –, *dejetos da razão pura* – glossolalias, gritos, regressões, transes, cenografias neuróticas, teatralizações psicóticas –, *dejetos do vivo* – podridão, lixos, cadáveres, vísceras, ossadas, gordura humana, próteses, latas de lixo, poeiras... –, *dejetos do real icônico* – o parasita, a interferência, o rasgado, o manchado, o amassado – constituem matérias emblemáticas do niilismo da nossa época, visíveis nos *happenings* e nas *performances*, fotografias e vídeos faz tempo.

3
Uma religião da mercadoria

À lista de nomes dos filósofos arregimentados para a intimidação intelectual, acrescentemos o de Guy Debord. O desvirtuamento abusivo do seu conceito de *sociedade do espetáculo*, utilizado hoje de todas as maneiras, possibilita, *no* sistema mercantil, fazer-se paladino da crítica do sistema mercantil. Legitima-se desse modo a boa consciência dos colaboradores do mercado que, empregando esse abre-te sésamo filosófico, creem se redimir da sua função de auxiliar do capitalismo mercantil – desmontado e denunciado pelo situacionista em seu livro *cult*.

O meio artístico põe portanto com grande frequência em cena os objetos que a publicidade se desdobra para promover em seu canto. Esse tropismo procede da *Fábrica* de Andy Warhol, que contribui para a aura da América do seu tempo: latas de sopa *Campbell* e retratos de JFK e Nixon, *Coca-Cola* e cadeira elétrica, dólar, Elvis e Marilyn, bandeira americana, claro... À maneira como reis e príncipes, doges e *condottieri*, virgens e Cristo entulham a história da arte para comprazer aos que encomendavam as obras, a época niilista e seus *marchands* plebiscitam o reflexo do seu tempo. Dialeticamente, eles fazem a época que os faz; sua neurose neurotiza o mundo que, por sua vez, os neurotiza. Restam as provas, os testemunhos: esses objetos de transferência.

Bom número de instalações de arte contemporânea se parecem como duas gotas-d'água com as prateleiras dos supermercados. O que muda, a gosto, é o setor da loja: acessórios de jardim, brinquedos, bricolagem ou decoração, móveis, utensílios de plástico, roupas, etc. O objeto da sociedade de consumo que aliena o assalariado de base torna-se o ícone diante do qual se efetuam genuflexões e preces estéticas. À maneira desses antigos temas – reis, Cristo, etc. – que alienavam, mas eram servilmente adorados depois de tratados esteticamente, descobrimos os arcanos do ritual dessa religião da mercadoria.

O fetiche contemporâneo do bem de consumo desempenha hoje o papel que tinham outrora a estatueta das religiões primitivas, a pintura religiosa das igrejas, o retrato do soberano nos castelos: organiza-se com ele o culto dos ídolos que nos governam, venera-se o que nos torna a vida impossível, se agradece a nossos amos pela mão de ferro com que nos conduzem, corpo e alma confundidos.

Não é de espantar, pois, que exista um clero responsável por essa religião da mercadoria: as galerias, os compradores públicos, os colecionadores privados, os jornalistas da imprensa especializada, seus colegas titulares das páginas reservadas a esse fim na imprensa geral, os curadores de exposição, as autoridades reconhecidas na matéria (autores de monografias, de prefácios ou de livros, os diretores de coleção de livros de arte), os diretores de instituições e fundações, etc. O culto se organiza com a bênção cúmplice e a atividade militante desse punhado de pessoas que se conhecem, todas, entre si e que se organizam para conservar o domínio sobre esse meio.

As ações convergentes desse pessoal incestuoso consistem em criar cotas, construir reputações, instalar fulano ou beltrano em posição dominante no mercado ou organizar sua exclusão quando sua rentabilidade for declinante. O valor supõe a confiança, a fé – a etimologia dá testemunho do *valor fiduciário*. E nada como isso para criar a fé do que declarar seus dogmas *ex nihilo*, por capricho e decisão pura, para mostrar seu poder performativo: a autoridade no assunto diz, e diz a verdade – não pelo que diz mas por ser autoridade. Pensamento mágico!

Ora, como é que esse sujeito um belo dia virou autoridade? Fazendo seus, de maneira pública, visível e ostensiva, os códigos, os usos e os costumes desse mundinho que o coopta depois de ter medido seu grau de servilismo e verificado sua utilidade para o bom funcionamento da máquina mercantil. Dito de outro modo: aderindo ao ritual, isto é, gargalhando com os do seu meio que gargalham, vituperando com o mesmo ardor gregário, duvidando com os duvidadores, afirmando com os afirmadores já instalados.

Claro, a arte provém desde sempre de um mundo exterior a ela: o dos xamãs pré-históricos, das forças políticas públicas (o faraó egípcio, o rei persa, os buleutas e prítanes gregos, o imperador romano, os papas do Ocidente cristão), também o mundo dos ricos proprietários privados (os capitalistas flamengos, os mercadores venezianos, os burgueses da Revolução Industrial, e hoje as fortunas oriundas da gestão das multinacionais). Cada um deles agiu para celebrar seus valores, os valores dominantes do momento. Não é de espantar que uma parte não desprezível da arte contemporânea sirva de espelho para a nossa época desagregada.

III
UMA ARTE CÍNICA*

1
O antídoto cínico
Ao cinismo vulgar dessa religião da mercadoria oponhamos o cinismo filosófico de Diógenes, que permite encarar uma saída para o niilismo, pelo menos no terreno estético. Ante essa negatividade, afirmamos a positividade de uma *grande saúde risonha* que se baseia na *transmissão dos códigos* e no *agir comunicativo*, depois se ativa no sentido de uma *rematerialização do real*. Tal programa se opõe ponto a ponto ao triunfo da patologia, ao autismo e à rarefação da imanência.

O cinismo antigo sofre com sua classificação pela historiografia dominante, logo hegeliana, no noticiário geral. Nunca chegando atrasado para dizer uma tolice, Hegel afirma peremptoriamente em suas *Lições sobre a história da filosofia* que, sobre essa corrente filosófica, só há anedotas a contar. Por conseguinte, Diógenes não é filósofo. Como um só homem engajado no pelotão do prussiano, o universitário repete literalmente isso desde há mais de um século.

Diógenes não é filósofo? E por quê? Porque não prepara a vitória do Espírito Absoluto hegeliano. Não contribuindo de nenhuma maneira remota para a sagração da *Ciência da lógica*, o filósofo da lanterna não pode merecer os títulos de nobreza habitualmente oferecidos aos servidores do regime! Não obstante, Diógenes, o antiplatônico, inaugura, como verdadeiro

* No francês, *kunique*, derivado do grego *kynikós*. (N. do E.)

filósofo, a linhagem anti-idealista, antiespiritualista, materialista, com uma obra escrita (nenhum livro subsistiu, mas existiram em grande número: uma dúzia de diálogos, entre eles um *Tratado de ética*, um *Tratado sobre o amor*, outro sobre *A república*, cartas, sete tragédias...), duplicada por sua cenografia alegre. Mas, em Iena, ninguém brinca com a filosofia nem gosta dos partidários da tradição do sábio risonho encarnada por Demócrito. Sinistro, incompreensível, obscuro, laborioso, eis as qualidades exigidas para ter assento no panteão da filosofia dominante. Diógenes ri, peida, gargalha e vai embora...

O interesse de desacreditar uma filosofia? Evita-se comentá-la e discuti-la. Caluniar vai bem para os que confessam assim sua impotência em travar um verdadeiro combate de ideias. Estigmatizar Diógenes e sua corrente, reduzindo sua aparição na cena filosófica grega apenas aos acessórios, na total ignorância do jogo, do discurso, do que foi dito, eis uma indigna estratégia de evitamento.

O arenque e a lanterna, as rãs e o camundongo, o cachorro e o polvo, o tonel e o alforje, o cajado e a gamela, o escarro e a urina, o esperma e as fezes, o galo e a carne humana, quer dizer então que só haveria aí matéria para esquetes engraçados sem nenhuma ideia filosófica a sustentá-los? Um bufão, um abilolado, um palhaço, um histrião, tudo bem, um saltimbanco, um piadista, se quiserem, mas, por favor, pensador não, filósofo não! A mesma palavra que se usa para Platão não...

Ora, justamente Diógenes filosofa tendo na linha de mira Platão e suas ideias – suas Ideias. Negativamente, o cinismo é um antiplatonismo; positivamente, um perspectivismo nominalista. Em outras palavras: só existe o real e só ele conta; a realidade se reduz à sua materialidade; o homem é a medida de todas as coisas; a natureza sensível fornece o modelo, não as Ideias inteligíveis; a ironia, a subversão, a provocação, o humor ativam o melhor dos métodos; o corpo pagão, sem Deus nem Amos, é o único bem de que dispomos; o que podemos resumir numa fórmula: a vida é uma festa. E viva este mundo!

Como se pode imaginar, os idealistas não apreciam o personagem e suas ideias: os platônicos são a favor de uma verdade da ficção ideal; a favor da existência de um céu das ideias em que os conceitos flutuam como num éter; a favor de um real que participa de algo maior e melhor que ele, mais real ainda: sua Ideia; a favor de um homem detestável por seu corpo verdadeiro e considerável por sua alma inexistente; a favor de uma matriz inteligível do mundo; a favor da seriedade apodítica; a favor dos deuses, dos demiurgos e dos filósofos-reis. A fórmula deles? A vida neste mundo não vale nada, e nada se equivale ao fantástico universo em que eles se refugiam. Viva a morte – ler ou reler o *Fédon*...

2
Uma transmissão dos códigos

O gesto cínico é de entrada múltipla: o grau zero – hegeliano... – constitui a anedota como chave do assunto. As histórias são em si seu próprio fim. Os acessórios cênicos cínicos? Eis a peça... Grau alternativo: essas historinhas, esses gestos proporcionam um suporte a algo maior que eles. Meios para um fim sutil, mas é preciso saber decodificar e ler. Logo *saber* decodificar e *poder* ler. Logo também: saber que se pode e poder saber.

Todas as anedotas cínicas contribuem para afirmar alegremente uma alternativa para o mundo platônico: Diógenes procura um *Homem* nas ruas de Atenas, com uma lanterna acesa na mão, à luz do dia? "Brincadeira de estudante", diz Hegel passando por lá... "Lição filosófica", retorque o verdadeiro sábio. Porque o cínico procura um Homem maiúsculo, a ideia de Homem, seu conceito, sua imaterialidade de que decorreria a materialidade nominalista. Não encontra, é claro, porque a Ideia não existe, pois só existe a realidade tangível, material e concreta. Platão define o famoso Homem como *um bípede sem penas*? Pois bem. Diógenes depena uma galinha e atira nas pernas do filósofo idealista a criatura que, apenas com sua aparição lúdica, põe em maus lençóis a definição platônica. De nada adianta o autor do *Parmênides* acrescentar um corretivo: *de unhas planas*..., que o mal está feito!

Todas as anedotas cínicas – e elas são numerosas... – agem com base no mesmo princípio: elas veiculam um sentido, portam um significado. O hegeliano encarna às mil maravilhas o imbecil que olha para o dedo que lhe mostra a lua. Toda a teoria vai dita, vai escrita nos textos publicados outrora por Diógenes – e os outros (Antístenes assinou obras completas em dez volumes, Crates deixou cartas, Metrócles queimou seus livros, Menipo é autor de uns quinze textos). Todos teatralizam seu pensamento que não se encontra *somente* no papel, mas também na gesta corporal. O corpo serve para teatralizar o pensamento, para cenografar as ideias.

O velado não é um fim em si, mas um convite para o desvelar. Idem para o codificado. O cínico age como truão ontológico, sabe que compreenderão sua encenação. As obras, os encontros e os intercâmbios no Cinosargo – o cemitério para cachorros macaqueia a Academia de Platão ou o Pórtico estoico... – funcionam combinados. Tudo se inter-relaciona. A aposta da ironia supõe a inteligência do espectador: já aqui o observador faz o quadro (cínico). A metade do trabalho de fabricação do sentido se efetua pelo terceiro que assiste à cena. E, depois, revolução dos suportes à sua maneira, a cena filosófica serve de Escola, de lugar fechado, fechado sobre si mesmo, esotérico, para se abrir para o mundo: fora, em público, a filosofia se pratica de maneira exotérica.

Na arte contemporânea, mesma coisa: o artefato não é um fim em si, ele diz outra coisa além dele, teoricamente maior que ele. A gesta faz sentido quando, anteriormente, ocorreu a iniciação, quando os códigos foram dados e os meios de compreender oferecidos a quem se propõe um percurso estético. O grande público muitas vezes repete Hegel ao afirmar diante de um signo da arte contemporânea: "anedota, futilidade, disparate, tolice, palavras vazias"... Porque eles também ignoram a lua e olham para o dedo. Mas como olhar para ela, se ninguém disse que ela era o assunto?

A forma não é um fim; ela porta, sustenta, revela o fundo – se ele existe. Sem fundo, a forma é informe, porque a segunda proporciona a oportunidade da primeira. Por muito tempo, o formalismo produziu efeitos nefastos: a forma por si mesma, o culto da forma... No espírito estruturalista dos anos 70, o continente muitas vezes primou sobre o conteúdo. O significante assinalava uma distância à frente do significado – que, às vezes, podia até não existir... O valor reconquistado do sentido supõe as duas instâncias reunificadas: uma configuração, um configurado.

O formalismo conceitual e estrutural conta muito na responsabilidade desse desamor do público pela arte contemporânea. A religião da pura combinatória gerou devotos, um clero, uma casta, uma seita, em detrimento da maioria que registra as lógicas de panelinha em que se organiza o culto exclusivo da forma que avaliza a celebração da vacuidade, do vazio de conteúdo. O niilismo goza com essa veneração da carcaça.

Pôr novamente a forma a serviço de um fundo faz a arte enveredar por um caminho inverso ao estetismo. A arte mundana, em outras palavras, o uso de classe da estética, recorre de bom grado a essa ânsia de superfície, em detrimento da profundidade. A decoração encontra aí sua justificação. Quando a obra brilha apenas por seu ar, sua aparência, ela pode se integrar à paisagem como elemento de adorno e de ornamentação. A burguesia maneja com perfeição esses códigos que requerem a despolitização.

O valor de uma obra se mede pela soma dos intercâmbios intelectuais gerados – éticos, políticos, filosóficos, metafísicos, estéticos, é claro... A abstração, essa quintessência da pura forma ou da forma pura, embeleza o cenário. Raramente ela remete a uma mensagem política ou militante. Repolitizar a arte (não com uma arte política no sentido militante do termo) supõe a injeção de um conteúdo capaz de gerar um *agir comunicativo* – conforme a expressão de Habermas.

O intransmissível, o indizível e o inefável, tanto quanto o serrote musical da transcendência, pertencem ao equipamento conceitual do religioso com o qual comungam os kantianos de sempre. Muitas vezes, quando se invoca o intransmissível, é porque não há nada a transmitir... A obscuridade e a falsa profundidade dos comentários traem a confusão, a indigência dos conteúdos, a inconsistência dos trabalhos. Restaurar os conteúdos supera o estetismo e valida a força da arte.

Para levar a cabo essa operação, lugares, ocasiões, circunstâncias devem permitir a transmissão – a Universidade popular propõe uma fórmula para tanto, com seu seminário de arte contemporânea.

3
Uma rematerialização do real

O século XX foi trabalhado pela rarefação: a música dodecafônica e serial, via Webern, desemboca nos concertos de silêncio de Cage; a pintura abandona o tema pela luz, a luz pela abstração, a abstração pelo nada, o vazio, donde o *Quadrado branco sobre fundo branco* de Malievitch; o *Nouveau Roman* declara guerra aos personagens, ao enredo, à psicologia, à narração, ao suspense; a *Nouvelle Cuisine*, também marcada pelo efeito estruturalista, rompe com aromas e sabores do gosto na boca para agradar a vista celebrando a apresentação, as composições cromáticas, as estruturas arquitetadas no prato. Tudo isso vai em direção ao menos, ao nada, ao menos que nada.

A saída do século XX se faz para trás: a música redescobre a tonalidade, as cores orquestrais variadas, o instrumental sinfônico, os melismas neorromânticos e as igrejas se enchem de músicas neomedievais vindas dos países bálticos; a pintura volta à tona na mais pura tradição do tema colorido e da figuração clássica matizada com um pouco de poesia; o romance reata com o adultério burguês, a historinha narcísica, o personagem e seus estados de alma, a descrição sentimental – e, muito embora recuse a espada e o bicorne, o papa do *Nouveau Roman* faz todas as visitas para ingressar na Academia Francesa; os cozinheiros fazem fortuna com a cabeça de vitela... Tudo muito bem. Etimologicamente, a época, nesse como em outros aspectos, celebra as virtudes reacionárias.

O movimento rumo ao nada era equivocado: o que nos afasta do nada reativando velhos valores também. Nem o zen nem o *kitsch*. *O quê*, então? O gosto pelo real e pela matéria do mundo, o desejo de imanência e deste mundo, a paixão pela textura das coisas, o aveludado dos materiais, a carnação das substâncias. Nem o anjo nem a besta. *Quem*, então? O homem, indivíduo, a entidade nominalista, a indivisível identidade, sem duplo. Depois dos grandes discursos, depois do fim dos grandes discursos, além do fim dos grandes discursos.

Desde que o cristianismo e o marxismo não reinam mais absolutos, mas dividem o mercado das visões possíveis do mundo, resta um ponto fixo: o corpo. Não a ideia platônica de um corpo cortado em dois, talhado, mutilado, dualista, mas o da ciência pós-moderna: uma carne viva, fabulosa, considerável, rica em potencialidades, permeada de forças ainda desconhecidas, trabalhada por potências ainda inexploradas. A arte serve ao sagrado desde sempre, o que parece extravasar o que a razão contém.

O que, hoje, extravasa o que a razão contém se chama corpo: aquele sobre o qual Espinosa escreve que ainda não foi suficientemente solicitado, a tal ponto que ainda se ignora *o que ele pode*, aquele que Nietzsche chama de *a grande casa*, o mesmo que Deleuze e Foucault instalam finalmente no centro das suas preocupações filosóficas. Esse corpo continua sendo cristão, marcado pela formatação de mais de mil anos de civilização, mas traz em si potências fabulosas.

No caos da civilização desmoronada, no meio das ruínas niilistas de um fim de época, diante do que aguarda o corpo faustiano, a arte pode se instalar nos postos avançados, à maneira de um laboratório conceitual, ideológico, intelectual e filosófico. Depois da morte de Deus, da de Marx, seguidas da de ídolos menores, cada um fica diante do seu corpo, muitas vezes frustrado em suas expectativas. Como defini-lo, captar suas modalidades, compreendê-lo, adestrá-lo, domesticá-lo, domá-lo? De que maneira esculpi-lo? O que podemos, o que devemos esperar dele? Até onde podemos contar com esse irredutível ontológico?

Alguns artistas já trabalham com a clonagem, a engenharia genética, a transgênese, a reprodução de um homem-máquina – pelo menos de uma das suas funções vitais: ingestão, digestão, excreção... –, a redefinição da identidade corporal pela cirurgia, a construção de uma soteriologia pagã pela domesticação do cadáver, logo da sua morte, a digitalização da matéria, a realidade do virtual da imaginária e tantas outras propostas que, por serem pós-modernas, não são menos artísticas.

Porque os artefatos propostos por esses artistas definem um belo novo. Não um Belo platônico ou um real medido com esse padrão fictício, mas novos objetos, novas formas, novas aparências que constituem um percepto sublime. Por que *percepto*? Na tradição pragmática, esse termo significa o que aparece aos sentidos antes da construção do juízo perceptivo. E *sublime*? Porque na tradição romântica, é o que, por sua potência, sua força, esmaga o indivíduo que, de volta, mede por essa sensação específica a eficácia do objeto em questão. Esse mundo de perceptos sublimes augura o mundo, mais amplo, dos conceitos que, eles próprios, permitem agir sobre o conteúdo e o arranjo do real. Com o que dá para encetar uma saída do niilismo...

quinta parte
UMA BIOÉTICA PROMETEICA

I
UMA CARNE DESCRISTIANIZADA

1
Um modelo angélico
Ainda vivemos com demasiada frequência com um corpo platônico. Como assim? Um corpo esquizofrênico, cortado em duas partes irreconciliáveis, uma das quais, dizem, exerce um domínio considerável sobre a outra: a carne domina a alma, a matéria possui o espírito, as emoções submergem a razão, afirmam os partidários do ideal ascético. De um lado, o mal da encarnação; de outro, a possibilidade de salvação com a imaterialidade, sobre a qual nos dizem porém, paradoxo insensato, que ela se encontra, impossível de identificar e de localizar, *na* substância extensa...

O corpo ocidental padece dessa dicotomia da vida cotidiana, decerto, mas também em terrenos mais problemáticos: saúde, medicina, hospital, cuidados e tudo o que diz respeito, de perto ou de longe, à bioética. Essa disciplina emergente questiona e deixa em má situação a tradição filosófica idealista, incapaz de responder aos desafios propostos por essas novas questões que somente uma filosofia utilitarista e pragmática pode resolver.

Um fantasma paira sobre as consciências – ou antes, nos inconscientes... –, o fantasma do anjo, modelo estapafúrdio do ideal platônico-cristão. O que é um anjo? Uma criatura de éter e de sonho, um ser vivo sem vida, uma encarnação sem carne, uma matéria imaterial, um anticorpo que escapa das leis habituais do corpo: ele não nasce nem morre, não frui nem sofre, não come nem dorme, não pensa nem copula. Compreende-se que, tão econômico assim de si mesmo, inacessível à usura, seja eterno, imaterial, incorruptível, imputrescível...

Nada disso seria muito grave se esse modelo não constituísse, ainda hoje, o esquema do corpo ocidental. Composto de corpo e de alma inclusive em Freud – a materialidade da carne e a imaterialidade do inconsciente psíquico –, ele é tido como uma montagem de órgãos nobres – coração, cérebro... – com uma simbólica ativa – coragem, inteligência... – e de órgãos ignóbeis – os bofes, as vísceras... Entre o *Timeu* de Platão e os hospitais pós-modernos, a distância não é tão grande assim...

O corpo real, o contrário do anjo, bebe, come, dorme, envelhece, sofre, digere, defeca, morre; longe do éter, ele se compõe de sangue e de nervos, de músculos e de linfa, de quilo e de ossos, de matéria; ignorando a parte nobre de um princípio imaterial graças ao qual ele poderia entrar em relação com o Mesmo que lhe asseguraria a salvação – um contato com Deus e o divino, de mesmas feituras –, ele triunfa em pura imanência.

A construção do corpo ocidental se efetua com a neurose de Paulo de Tarso, grande odiador de si, que transforma esse desgosto consigo mesmo em desprezo pela vida terrena e pelo mundo com o qual nos convida a brigar. Vários séculos de patrologia grega e latina, de escolástica medieval e de filosofia idealista, reforçadas por pregações, sermões, discursos simplificados pelo clero e destinados à arraia-miúda, mas também mais de mil anos de mobilização de uma arte de propaganda, deixam como herança um corpo mutilado ainda em busca da sua redenção pela unidade recobrada de um monismo rico de novas potencialidades existenciais.

2
A heurística da audácia

Para pôr fim ao anjo, ensinemos antes o corpo nominalista, ateu, encarnado, mecânico – ainda que essa mecânica, muito mais sutil do que os adversários espiritualistas afirmam, mereça um aprimoramento conceitual e teórico. Desmistifiquemos a carne, esvaziemo-la dos fantasmas, das ficções e outras representações mágicas. Deixemos a era do pensamento primitivo para entrar numa verdadeira época de razão.

A filosofia dominante, a que domina as Comissões de Ética, evita o ridículo de uma remissão pura e simples à *Carta dos agentes de saúde* editada pelo Vaticano. A fim de fazer engolir a pílula conservadora, para não dizer reacionária, remete-se mais facilmente a Ricoeur, Lévinas, reativa-se a escolástica da nossa época – a fenomenologia de Jean-Luc Nancy, entre outros devotos –, mas usufrui-se muito especialmente de um Hans Jonas, que teoriza a tecnofobia e conclui pela urgência de esperar em nome do "princípio responsabilidade".

Seu motor? Uma "heurística do medo". Segundo essa Cassandra de além-Reno, deve-se manter os homens num clima de medo que supõe o pior como certo e inevitável, se forem permitidos os progressos da modernidade. Ensinemos o terror ontológico para produzir a imobilidade tecnológica. Resultado: triunfo do princípio de precaução, que significa a vitória do conservadorismo.

Sou, ao contrário, por uma heurística da audácia. A lógica de Jonas desaconselharia a invenção do avião em nome da queda, recusaria o navio pretextando o naufrágio, proibiria o trem brandindo a ameaça do descarrilamento, dissuadiria taxativamente o criador do automóvel profetizando os acidentes de trânsito, desprezaria a eletricidade por causa da eletrocussão. O filósofo dissuadiria o próprio Deus de criar a vida a pretexto de que ela acabaria levando à morte...

Na dialética do progresso, a negatividade não é poupada, é integrada. Ela não deve ser objeto de uma focalização que impede de ver além desse abscesso de fixação conceitual. A heurística do medo é a hábil fórmula de um discípulo de Husserl e Heidegger para justificar a tecnofobia de uma geração que rejeita e recusa a modernidade. Pode-se preferir o *princípio esperança* de Ernst Bloch...

Essa célebre heurística induz a uma série de consequências perigosas: manter o público em sua ignorância, adular a tolice, elevar ao pináculo o instinto reativo e primitivo das massas, celebrar a escuridão e condenar o princípio das Luzes, manter o povo a distância dos especialistas, romper os elos entre o mundo da ciência e a nação...

Por conseguinte, para tomar apenas o exemplo da clonagem, o discípulo de Jonas deixa se difundirem os lugares-comuns da grande massa, pouco, nada ou mal informada sobre o conteúdo técnico do assunto, mas está pronto para dar sua opinião sem ter refletido sobre os antecedentes, condicionado intelectualmente apenas pela ficção científica – na falta de ciência – ruminada nos livros ou nas séries de tevê tipo *Admirável novo mundo*. Na raiz da heurística do medo se encontram o desprezo ao povo, o elitismo, o aristocratismo de castas impermeáveis, o estupro das multidões pela propaganda que apela para o sentimento, os instintos, as paixões – o medo, o temor, a angústia, o terror –, dando radicalmente as costas para a razão e seu uso correto.

Inversamente, uma heurística da audácia encara frontalmente, sem condená-las *a priori*, as questões incômodas que se colocam em nossa época pós-moderna: clonagem reprodutiva e terapêutica, maternidade pós-menopausa, triagem de embriões, ectogênese, eugenia, enxerto de rosto, cirurgia do cérebro ou cirurgia transexual, procriação assistida, eutanásia, geração *post-mortem*, etc.

3
Uma ampliação do corpo

Uma bioética prometeica ainda hoje tem de fazer face à figura de Zeus – vale dizer, toda justificação transcendente da ordem estabelecida. Prometeu, inventor dos homens, ladrão de fogo, enganador dos deuses, benfeitor da humanidade, dotado para conjurar os perigos e detentor dos meios de obter os pomos de ouro do jardim das Hespérides – a imortalidade... –, continua proporcionando um modelo para nossa sociedade pós-cristã.

Donde a exigência de redefinir o corpo, de pensá-lo novamente além do esquematismo cristão. Transformado em substância atômica – e não escrínio negro do pecado original portador do seu antídoto imaterial –, ele se constitui de uma parte nômade, que pode tirar seu apoio, e de uma parte raciocinante capaz de acolher as modificações, de uma visibilidade extensa e de uma série de fluxos magnéticos, de energias e de forças, ele é uma só substância, claro, mas diversamente modificada, e conforme modalidades por enquanto inexplicadas.

O corpo pós-cristão integra em sua definição o que a tradição mantém no limiar, deixa nas margens, recusa ou remete às patologias, às afecções mentais, à histeria e outros sintomas. De fato, o que dizer dos transes, das catalepsias, das epilepsias? Como abordar os fenômenos de telepatia, de transmissão de pensamento, de intuições? E o sonambulismo? O magnetismo? O sonho, o sono paradoxal? O inconsciente, freudiano ou não? As glossolalias, como compreendê-las, explicá-las? Os feitos dos iogues? As terapias hipnóticas? E tantos outros fatos mandados para a periferia, que mostram um corpo de potencialidades inexplicadas – e inexploradas.

O que parece falsamente além da matéria, e no entanto a trabalha, gera o desprezo de certo número de pessoas que acreditam ser a medicina uma ciência – é uma arte... –, à maneira de um positivista no sentido estrito do termo. Diante de fatos no entanto constatáveis, por que essa recusa em considerá-los? Para um Feyerabend, que não deixa nada escapar da sua curiosidade intelectual e afirma em *Contra o método* que temos o que aprender com qualquer disciplina, inclusive as mais claramente falsas – a astrologia, por exemplo... –, quantos senhores Homais*, que agem como avestruzes, acreditando resolver o problema enfiando sua inteligência na areia?

Os saberes alternativos e paralelos – como as medicinas orientais, as sabedorias chinesas, as técnicas africanas, as sapiências caribenhas, as terapias xamânicas – descobrem sempre um corpo máquina, decerto, porém muito mais sutil do que se acredita habitualmente. De fato, muitas vezes pensamos nos

---

* O farmacêutico de aldeia de *Madame Bovary*, personificação do pequeno-burguês que abraça acriticamente as ideias estabelecidas. (N. do T.)

detalhes do mecanismo, na numeração dos componentes, na montagem dos sistemas, mas esquecendo o que está em ação *entre* tudo isso: o corpo pós-cristão supõe um materialismo dionisiano.

Como explicar, por exemplo, que, na lógica às vezes estreitamente positivista da medicina ocidental, cada órgão disponha do especialista – do cérebro do neurologista ao reto dos proctologistas – e que ninguém cuide do sistema neurovegetativo, ao qual, no entanto, devemos a homeostasia do corpo, seus ritmos, sua temperatura, seus fluxos, a cadência de sua respiração? Por que esse esquecimento do que parece encerrar uma parte dos mistérios da carne? A não ser pelo costume intelectual de negligenciar o que permitiria (talvez) verdadeiros progressos no conhecimento da pura carne...

II
UMA ARTE DO ARTIFÍCIO

1
A superação do humano

Desde o momento em que os homens se hominizam, eles se artificializam e trabalham pela emancipação da sua condição natural. As primeiras trepanações, as operações de catarata provam que a natureza não tem por que ser celebrada como uma doce e boa provedora apenas de positividades, segundo o princípio da cornucópia. Ela também compreende a morte, a dor, o sofrimento, o combate, as garras, os bicos, a morte dos mais fracos.

Superar a natureza cria o humano. Recusar o sofrimento físico ou psíquico, inventar uma conjuração com as decocções, plantas socadas, associar pós, ervas, sucos, misturar beberagens com encantamentos e recursos ao pensamento mágico, tocar, ritualizar gestos, intervir, não deixar a natureza agir sem entraves, impor o querer humano, mesmo que nas suas primeiras horas, em seu balbuciar, é a essência da medicina: uma antinatureza.

O que supõe superar o humano? Não o fim do humano, o inumano ou o sobre-humano, mas o pós-humano que conserva o humano à vez que o supera. O objetivo? Sua sublimação, sua realização, seu aperfeiçoamento. O velho corpo absolutamente submetido aos ditames da natureza permanece o mesmo, mas acrescenta-se a ele artifício, cultura, injeta-se nele inteligência humana, a substância prometeica, para que ele se emancipe, *na medida do possível*, dos determinismos da necessidade natural.

O meio, dentre outros, desse pós-humano? A transgênese. Claro, a cirurgia também pode muito se (ontologicamente) a deixarmos agir, mas a possibilidade de intervir no gene abre uma perspectiva radicalmente nova na história da medicina planetária. Sem adotar o culto do tudo genético, nem construir uma religião do gene – ele só pode o que pode, o que não é tudo, ainda que já seja muito –, encontramos aí uma estrada real que leva ao pós-humano.

Por conseguinte, compreende-se o interesse, que têm os apóstolos da heurística do medo, de deixar proliferar o pensamento mágico acerca da clonagem: clonar seria produzir industrialmente indivíduos idênticos na perspectiva de uma humanidade que realizasse a fantasia fascista da massa embrutecida comandada pela elite no poder... Nota dez em termos de ficção científica, mas zero em matéria de ciência sem ficção.

Porque uma clonagem reprodutiva se contentaria em reproduzir artificialmente um capital genético idêntico. Ora, não somos nosso capital genético, mas o produto da sua interação com a substância e a espessura do mundo. Senão, no caso dos gêmeos univitelinos – a clonagem reprodutiva na natureza – só teríamos duplicação integral. E sabemos muito bem que não é assim. A educação no sentido lato do termo, as interações, as influências, os acasos, as formatações da primeira hora esculpem muito mais seguramente o ser de acordo com as modalidades que, no essencial, escapam do conhecimento. Sabe disso Sartre, que tentou desmontar um Flaubert. O projeto resistiu e resultou numa suma de mais de três mil páginas – inacabada...

Benefício dessa heurística do medo? A assimilação da clonagem reprodutiva – nem monstruosa, tampouco rentável, logo sem nenhum futuro – à clonagem terapêutica, que, esta sim, possibilitaria realmente prevenir, curar, tratar, impedir a emergência da doença. A pretexto de precaução, deixa-se o caminho livre para a negatividade em ação na natureza – quando se poderia retardá-la, contrariá-la ou mesmo evitá-la. Moral e juridicamente, essa maneira de agir se enquadra na de não assistência à pessoa em perigo – e isso para milhões de indivíduos...

2
Uma eugenia do evitamento

Uma bioética prometeica não se propõe a criação de monstros ou de quimeras; ela não quer tampouco uma *raça* pura; ela não aspira de forma alguma a uma humanidade de ciborgues; ela não fomenta o projeto da abolição da natureza (que objetivo inepto!), mas a continuação do velho projeto cartesiano da sua dominação. Tornar-se "como que amos e possessores". René Descartes, e não Adolf Hitler.

Em si, a eugenia define uma técnica que possibilita produzir uma descendência (*genia*) nas melhores (*eu*) condições para o indivíduo (saúde privada) ou para a coletividade (saúde pública). Por seu uso, pode ser *liberal*, se servir para gerar o máximo de lucro para os laboratórios criadores dos processos de ativação; *racial*, se, à maneira nazista, visar uma humanidade supostamente regenerada, purificada de seus supostos miasmas; *católica*, quando promove um estrito respeito da vida transformada em ocasião de fetiche para um culto de gênero pagão – a ponto de celebrar as produções patológicas da natureza como provações enviadas por Deus; *consumista*, quando põe a técnica a serviço da fabricação de invólucros conformes os cânones do momento – a jovem e bonita loura de olhos azuis, de glândulas mamárias mais desenvolvidas que o encéfalo, etc. Convenhamos, sem dissertar mais longamente, que isso envolve, cada vez, opções moralmente indefensáveis.

Se a eugenia é condenável, não o é em si, em absoluto, mas pelo epíteto que a qualifica. Que dizer, por exemplo, de uma eugenia *libertária*? Antes de mais nada, o que a definiria? Uma estratégia do evitamento e um objetivo simples: *aumentar* as oportunidades de uma presença feliz no mundo, partindo do princípio de que uma doença, um sofrimento, uma deficiência, uma dor física ou psíquica comprometem a alegria de toda potencialidade existencial. Logo: *diminuir* as oportunidades de uma presença dolorosa no mundo.

Sem entrar em debates bizantinos, cada um admite o que define as presenças felizes ou dolorosas no mundo. Para todo ser por vir, a saúde parece preferível à doença, a validez à deficiência, a vitalidade à debilidade, a forma ao disforme, o normal ao anormal. E quem preferir a doença, a deficiência, a debilidade, o disforme e o anormal, ou mesmo quem recusar a existência dessas categorias, me parece ontologicamente criminoso em sua recusa a agir, se existir uma possibilidade transgenética de evitamento.

A saúde, que uma definição sucinta entende como ausência de doença, proporciona a mais doce das ataraxias. Como, pois, optar pelo distúrbio quando os meios dessa paz da carne existem em lugar de um corpo em sofrimento? Em nome de que, anteriormente a todo ser (sem, é claro, que se trate da *supressão* de um ser que por definição ainda não existe), pode-se recusar a *escolha*, para este, da melhor potencialidade existencial dentre os bilhões de combinações genéticas possíveis?

Essa eugenia libertária não produz nem sub-homens nem super-homens, mas simplesmente homens; ela possibilita uma igualdade de acesso à humanidade; retifica as injustiças naturais e instaura o reino de uma equidade cultural. Depois, uma vez o ser no mundo, possibilita uma medicina preditiva anterior ao desencadeamento da doença que, portanto, pode impedir; afasta por conseguinte os tratamentos dolorosos e invalidantes, as numerosas patologias ligadas aos tratamentos, assim como os efeitos secundários calados pela indústria farmacêutica...

A medicina transgênica que acompanha a eugenia libertária corrói a onipotência da medicina agonística, que, na maioria das vezes, combate o mal com um mal inversamente proporcional. Ela define outra medicina, pacífica esta, que neutraliza o aparecimento da negatividade ao modo das artes marciais.

3
Uma metafísica dos artefatos

A potência dessa bioética prometeica cria novos continentes com objetos filosóficos totalmente inéditos. Para além da física habitualmente conhecida, a das terras cartografadas há muito tempo, o pensador descobre uma série de temas originais que requerem questionamentos inéditos e respostas por vir.

Essa nova metafísica – no sentido etimológico: além da física – possui a estranha particularidade de definir temáticas no entanto bem físicas, porque absolutamente imanentes! Não há pretexto para novas nebulosidades ou para sofisticações verbais, nenhuma necessidade de neologismos, mas a perspectiva de resolver problemas inventados unicamente por nossa época.

Assim, a criação de um tempo novo, o do material genético congelado. Quando se colhem espermatozoides, óvulos e embriões, eles obedecem à lei do tempo relativo ao nosso sistema planetário. Cada célula tem a idade das suas artérias: ela existe no tempo. Desde a sua criogenização, ela suporta simultaneamente a lei de dois tempos: no botijão e fora dele. O tempo do vivente cessa em benefício do artifício de um tempo também congelado, suspenso, mas inscrito no tempo social. O tempo aberto da célula parada precede o tempo social da sua reimplantação.

Concretamente: o esperma de um doador escapa do tempo natural, entra na suspensão do tempo artificial, enquanto o doador persiste na duração do tempo social. Virtualmente, um século depois da sua morte, depois que o corpo persuasivo se tornou esqueleto, seu corpo nômade continua a viver. Donde os problemas metafisicamente induzidos.

A esses novos tempos se acrescentam novas configurações. É o caso do vivente enxertado em máquinas, quando, por exemplo, se associa um neurônio a um *chip*; ou quando se implanta uma máquina no vivente, no caso da prótese – do pino de aço ao coração de titânio, passando pelo marca-passo ou pelo *stent* arterial; ou, enfim, um vivente xênico no vivente humano: válvula mitral de porco no coração do homem, ou pele, ou insulina, proveniente do mesmo animal – sem falar na compatibilidade inversa: não mais a animalização do homem, mas a humanização do animal – um rato de laboratório fisiologicamente compatível com o *homo sapiens*...

Do mesmo modo, pode-se pensar novamente a farmacopeia que pede que as moléculas químicas produzam efeitos comportamentais. A psicanálise vê com irritação seu território se restringir, com o avanço da química da alma. Tal debate significa parcialmente o recuo das técnicas xamânicas – eficazes, apesar da sua não cientificidade – diante da evidência irrefutável e irrecusável da droga pós-moderna.

Essas novas forças podem ser postas a serviço da pulsão de morte tanto quanto da pulsão de vida. Numerosos ansiolíticos, antidepressivos, soníferos medicam menos uma patologia manifesta do que uma incapacidade de os sujeitos existirem em paz numa civilização que recruta violentamente ou destrói quem quer que resista a ela. Essa farmácia obtém a submissão e a sujeição dos recalcitrantes graças à sua transfiguração química em zumbis. No mundo, eles estão fora do mundo.

Uma bioética libertária submete a fabricação, a prescrição e o consumo dessas substâncias à perspectiva hedonista. Não aniquilar, extinguir, acalmar até o apagamento da subjetividade, mas aumentar as possibilidades da presença jubilosa no mundo. O Viagra, por exemplo, na medida em que proporciona à carne os meios do espírito, mostra como seria uma farmacopeia dionisíaca indexada na pulsão de vida.

III
O CORPO FAUSTIANO

1
O entre dois nadas
Toda existência supõe uma saída do nada com a única perspectiva de retornar a ele um dia. De sorte que podemos definir a vida como o que se dá entre dois nadas. Mas são vagos os limites que permitem dizer claramente aquém, além, aqui, ali, antes, depois. Que um ser provém de um espermatozoide e de um óvulo, ninguém ignora; mas qual é o estatuto filosófico desses dois objetos separados? Semivivo? Vivente em potencial? Duas forças complementares, vivas, mas que exigem a reunião para um outro vivente, o real, o verdadeiro desta vez?

Vivos os bilhões de espermatozoides descartados depois que um só deles penetra o invólucro do gameta feminino, mas vivas também as bactérias que trabalham o cadáver depois da morte. Antes da vida já é a vida; depois dela, ainda é ela. Como ver na efervescência do real, nascimento e passamento confundidos, surgimento do nada e volta a seu seio associados, outra coisa que não as múltiplas modificações da vida?

O humano do homem se inscreve portanto no vivo, entre os dois nadas. Ele não é consubstancial ao vivo, mas surge, depois pode desaparecer, no próprio processo vital. Assim, algumas horas depois da sua formação, o ovo bem vivo não é humano. Para os cristãos, que falam de pessoa potencial, respondamos que qualquer um, apesar de morto potencial, está vivo, porque da potencialidade à realidade há, felizmente, todo um mundo.

A pessoa potencial merece as considerações que lhe cabem: ela se torna pessoa quando é real, enquanto isso, por ser potencial, não é nada mais que um sofisma oriundo da escolástica tomista. Falta à pessoa potencial algo mais para ser uma pessoa real: no caso, a humanidade.

O esperma não é uma pessoa, o óvulo tampouco, nem o embrião. A humanidade surge num homem não com a sua forma (humana), mas com sua relação (humana) com o mundo. O puro ser no mundo não basta, a barata também está no mundo. É necessária uma conexão, uma relação interativa, uma ligação com a realidade tangível.

Primeiro, a humanidade de um ser supõe nele a capacidade de perceber o mundo, de senti-lo, apreendê-lo sensualmente, ainda que sumariamente. Para tanto, é necessário certo grau de desenvolvimento do sistema nervoso. Os primeiros dias, as primeiras semanas não bastam para constituir o agregado de matéria e de células além do vivo sem realidade pessoal. A matéria cinzenta deve poder reagir aos estímulos redutíveis a dois tipos: a capacidade de sentir o prazer e a possibilidade de sentir dor – base do hedonismo. Cientificamente, essa possibilidade anatômica se situa na vigésima quinta semana de existência do feto. É essa a data a partir da qual ele sai do nada para entrar no humano, apesar de ter sido vivo desde o encontro espermatozoide/óvulo.

Depois, muito mais tarde, a humanidade de um indivíduo se define na tríplice possibilidade conjunta de uma consciência de si, de uma consciência dos outros e de uma consciência do mundo, com as possibilidades induzidas de interações entre si e si, si e outrem, si e o real. Quem ignora o que é, quem é outrem e que o mundo existe sai da humanidade, ainda que permaneça vivo. Mas o que precede a humanidade e o que a segue não têm a mesma carga ontológica: o embrião neutro pesa menos que o cadáver saturado de memória, de afeto, de história.

Aquém do humano e além dele, todas as operações humanas são ontologicamente justificadas e legitimadas. Antes: seleção genética, trabalho sobre o embrião, triagem destes, contracepção, aborto, transgênese; depois, em caso de morte cerebral constatada, de vida artificialmente mantida, de coma irreversível devidamente constatado: eutanásia, retirada de órgãos.

2
A identidade neuronal

Temos portanto mundos inéditos: construir um novo corpo com elementos exteriores, misturar o animal e o humano, artificializar a natureza, transgredir com a cirurgia ou com o gene, abolir a carne cristã, distinguir o corpo nômade do corpo persuasivo, o corpo atópico do ideal e o corpo tópico materialista e vitalista, atômico e dionisiano, proceder à ampliação do corpo, à descristianização da carne, à superação do humano, à criação de uma metafísica dos artefatos. Nesse novo campo metafísico, que dizer da identidade? Onde está ela? O que é ela?

O paradoxo de Teseu permite sugerir uma resposta: os gregos conservam com piedade o barco do seu herói. Para reparar os ultrajes do tempo, os carpinteiros navais mudam uma tábua, duas, três, várias. No entanto, continuam venerando a nau quando trocam a última tábua da embarcação original. Quando ela parou de ser? No primeiro pedaço de madeira trocado? No segundo? No último? Na exata metade?

Desloquemos a casuística: pode-se cortar a perna de um homem, depois duas, um braço e o outro, ele não para de ser; pode-se tirar-lhe um órgão doente e enxertar outro, um coração, um fígado, um pulmão, ele continua sendo ele mesmo; pode-se até enxertar um rosto, se perdeu o seu, queimado, acidentado, mutilado, agredido, ele permanece ele. Então, quando perde a identidade?

Leibniz cria uma fábula muito útil para responder à questão. Ele imagina o enxerto de um cérebro de sapateiro no corpo de um rei. E vice-versa. Depois da operação, quem sabe consertar sapato? O corpo do sapateiro com o encéfalo do soberano? Ou a outra configuração? Qual pode teoricamente cuidar dos negócios do Estado? A carne do homem de poder ou a matéria cinzenta do consertador de calçados? Ou o inverso?

Na época do filósofo alemão, essa fábula permanece no domínio do pretexto a pensar, mas hoje ela se tornou realidade de laboratório. O enxerto de cérebro é factível, a tetraplegia que por enquanto ele ocasiona pode desaparecer um dia desses, quando as pontes neuronais se refarão graças a enxertos de células capazes de reconstituir as condições fisiológicas do *continuum* nervoso.

À luz desse exemplo impõe-se a conclusão: somos nosso cérebro. Pode-se mudar tudo ou quase tudo em nós. Todas essas modificações realizam mudanças em nosso esquema corporal, mas o cérebro, justamente, realiza o trabalho de reconstrução e de reapropriação da nova imagem. O que ele não pode fazer no caso de outro encéfalo, que o impediria de proceder a essas operações de reconfiguração.

Nosso cérebro é a sede da memória, dos costumes, o local das formatações neuronais da tenra infância, da educação, ele contém os hábitos, as lembranças, os dados capazes de possibilitar o reconhecimento dos rostos, dos lugares, ele armazena tudo o que evita aprender de novo, cada vez, até a menor, a mais banal, a mais elementar das operações. Nele se dobram os vestígios do tempo individual e da coletividade. A língua nele se enrola, a cultura também. Todo o nosso corpo, enfim, se encontra encerrado nele, administrado, vivido, contido. A sede da identidade, a tópica fundamental do ser, é ele, portanto. O resto vem depois.

3
Uma pedagogia da morte

Como abordar a morte com esse corpo faustiano – em outras palavras, prometeico? Por séculos a fio, a religião se encarregava de dar soluções a esse problema. Nós as conhecemos. Desde que a mitologia deixou de fazer sucesso, inclusive entre os que ainda cultuam nacos dessas histórias para criancinhas, que saídas ontológicas existem para esse terror cardeal – já que a ele devemos, à guisa de tentativa de conjuração, o nascimento dos deuses e a criação do céu?

A teologia deve ceder lugar à filosofia, o cristianismo se apaga para permitir que as sabedorias antigas – estoicas e epicurianas, prioritariamente – ministrem seu cordial. Assim, em benefício da morte voluntária: a necessidade existe, mas não há nenhuma obrigação de viver de acordo com a necessidade, pode-se optar por deixar a vida por vontade própria; nosso corpo nos pertence, e podemos fazer uso dele como bem entendermos; uma existência não vale pela quantidade de vida vivida, mas por sua qualidade; morrer bem é melhor do que viver mal; devemos viver o que devemos, não o que podemos; uma (boa) morte escolhida é melhor que uma (má) vida suportada.

À luz dos ensinamentos antigos, a eutanásia se inscreve na linha direta que conduz do Pórtico estoico ao querer da soberania pós-moderna. Em face, a tradição judaico-cristã preconiza os tratamentos paliativos – recente ocasião para uma volta do velho arsenal religioso: o sofrimento salvador; a dor redentora; a morte como passagem que exige o perdão, a reconciliação com seu círculo pessoal, única condição de serenidade e paz consigo mesmo facilitando o conforto num *após* passamento; a agonia como via-crúcis existencial. O suicídio de Sêneca ou a Paixão de Cristo: a alternativa é simples.

O recurso aos antigos pagãos também permite enfrentar a morte – que não se pode domesticar. Vinte e três séculos depois, o argumento de Epicuro preserva toda a sua eficácia. O filósofo diz que não há mais por que temê-la, pois, quando ela está presente, nós já não estamos; enquanto estamos presentes, ela não está. De fato, ela não nos concerne em nada. De minha parte, não direi *em nada*, mas que ela nos concerne *como ideia*.

De seu lado, Epicteto distingue entre o que depende de nós (e sobre o que devemos agir) e o que não depende (e que devemos aprender a amar). Com essa ideia preciosa, devemos poder extrapolar: não temos poder sobre o fato de vir a morrer um dia, logo convivamos com ele. Em compensação, podemos agir sobre a realidade da morte que, em virtude do raciocínio epicuriano, é antes de mais nada uma ideia, uma representação. Ajamos pois sobre essa representação: ela ainda não está presente, não demos a ela mais valor do que ela tem quando chegar a sua hora. Desprezemo-la enquanto estamos vivos, ativando todas as forças que resistem a ela: a vida. Vivamo-la plenamente, totalmente, voluptuosamente.

O materialismo conduz à serenidade. A morte supõe a abolição do arranjo do que nos possibilita fruir ou sofrer. Portanto, nada a temer da morte. É antes que ela produz seus efeitos: nos aterrorizando com a ideia do que nos espera. Mas não presentifiquemos a negatividade. A sua hora já será o bastante. O essencial consiste em não morrer em vida, logo em morrer vivo – o que não é o caso de certo número de pessoas mortas há muito tempo por nunca terem aprendido a viver, logo por nunca terem vivido de verdade.

sexta parte
UMA POLÍTICA LIBERTÁRIA

I
UMA CARTOGRAFIA DA MISÉRIA

1
A lógica imperial liberal
Dois séculos depois da Revolução Francesa, à guisa de singular bicentenário, o Muro de Berlim vem abaixo, minado de ambos os lados pelo Oeste e pelo Leste. O papa não tem nenhum peso no processo, os dirigentes ocidentais tampouco, ainda menos os intelectuais europeus, porque o impulso não veio do exterior, mas do interior. Não houve explosão do sistema soviético, mas implosão de uma máquina viciada por seus mecanismos internos. Falsamente revolucionária, socialista e comunista, verdadeiramente totalitária e burocrática, a União Soviética desmorona com seu Império por não ter sido dialética, isto é, por não ter se posto à escuta plástica das lições dadas pela História.

Essa data é tão importante quanto as que marcam a queda dos poderes policiais, militares e fascistas do século XX. Em nome do povo e das ideias de esquerda, esse regime foi igual, em grande número de aspectos, às ditaduras militares nazistas e mussolinianas por mais de setenta anos. Após tanto tempo no poder, o que restava? Nada... Um país abandonado, paralisado por misérias generalizadas, profundamente traumatizado, marcado por longas gerações, exangue. Nenhuma produção literária, filosófica, cultural, artística, científica digna desse nome: uma catástrofe integral.

O adversário liberal ganha sem nem sequer ter travado o combate. Balanço dessa guerra fria? Um vencedor decidido a substituir a miséria soviética pela miséria liberal. Desaparecimento dos campos de concentração, claro, abertura do mercado, evidentemente, mas também, e sobretudo, generalização da prostituição, reino absoluto do dinheiro sujo, dos poderes da máfia, aparecimento da fome, pauperização maciça, redução do consumo às elites geradas pelo mercado, lógicas consumistas, tráficos internacionais de matérias físseis, guerras étnicas, terrorismo brutalmente reprimido, reciclagem no poder de especialistas em serviços secretos, questões militares e outras especialidades policiais. Marx passava por uma peste planetária, Tocqueville se tornou o cólera generalizado.

O liberalismo parece o horizonte insuperável da nossa época. E, como outrora na época florescente dos sucessos soviéticos, ele dispõe de intelectuais, de cães de guarda remunerados ou de inocentes úteis. Não dá mais para contar, entre os pensadores ditos midiáticos, o aplauso aos Estados Unidos, mesmo quando violam o direito internacional, escarnecem do direito da guerra, ignoram o direito das gentes, desprezam as convenções jurídicas planetárias, inundam o mundo com abusos passíveis de processos nas cortes supremas, apoiam regimes condenados pelas associações de direitos humanos.

Do lado de lá do Atlântico, alguns chegam até a declarar o fim da História! Nada menos que isso... Com o triunfo planetário do liberalismo americano, para que imaginar um após? O mundo se tornou Um, mais nenhuma alternativa política crível vem fazer cobranças ao triunfador. Quando a realização da História detém a História, resta contemplar o vencedor e erigir-lhe templos, celebrar sua glória e... colaborar.

E depois, e depois... Veio o *11 de setembro* como prova de que a História continua. À maneira de uma resposta de Diógenes a Zenão – andar para demonstrar a inanidade da tese que nega a existência do movimento –, a destruição de um símbolo – o Centro do Mundo dos Negócios – atesta a continuação. E que continuação! Não se tardaria a compreender de que maneira a História continua com o desenho de contornos nítidos do novo adversário do Ocidente liberal: o islã político que, à sua maneira, une as vítimas da arrogância do mercado ocidental. Com um inimigo assim, que dispõe de Deus na sua sacola e crê que toda morte em combate abre automaticamente as portas de um Paraíso adocicado, meloso e definitivo, o combate promete ser duro.

A Europa escolheu seu lado desde há muito. A esquerda socialista e governamental juntou-se ideologicamente às tropas do vencedor liberal, valendo-se da arrogância para mascarar sua colaboração de fato com uma resistência verbal no tom da postura de princípio. A direita não tem a menor dificuldade para celebrar seu território natural. A democracia falhou. Na França e na Europa, só encontramos uma oligarquia, no sentido original do termo: o poder de uma minoria que, direita e esquerda confundidas, comunga os mesmos dogmas do mercado livre e da excelência liberal. Assim, a Europa atual representa um elo útil na corrente de um governo planetário por vir.

Na França, os adesionismos não se contam mais: um catálogo (mundano) de ex-maoistas, trotskistas, situacionistas, althusserianos, marxistas-leninistas e outros ativistas de Maio de 68 é pouco para registrar os renegamentos, as passagens para o lado inimigo e a sujeição ao liberalismo nos setores mais estratégicos – negócios, jornalismo, mídia, edição, política, claro, banca, etc. Todos conhecem os nomes e as carreiras, todo o mundo sabe das trajetórias e da arrogância desse punhado que hoje dá lições com a mesma desenvoltura que tinha aos trinta anos. A diferença? Eles gabam hoje o que escarneciam outrora na boca de seus pais!

Ora, existe ainda e sempre uma esquerda que não traiu e permanece fiel aos ideais de antes do exercício do poder. Ela ainda acredita que as ideias defendidas pelos socialistas antes de 10 de maio de 1981 permanecem atuais, do mesmo modo que as de Jaurès, Guesde, Allemane ou Louise Michel. Claro, seria preciso reformulá-las, precisá-las, passá-las pelo crivo da pós-modernidade, mas para torná-las mais ativas, mais operacionais, e não para tirar a sua substância. A soberania popular, a defesa dos miseráveis e dos sem-qualificação, a preocupação com o bem público, a aspiração à justiça social, a proteção das minorias continuam sendo ideais defensáveis.

Salta aos olhos que essa *esquerda que continua sendo esquerda* não foi chamada por seus adversários de esquerda de esquerda, mas *esquerda da esquerda*, ou, dizendo de outro modo, *esquerdista*. Nem é preciso dizer que o deslocamento semântico é organizado pelos liberais preocupados em desacreditar esse pensamento e remetê-lo para as utopias de cérebros imaturos e irresponsáveis. Esses aí pensam à direita, defendem ideias de direita – a lei do mercado como horizonte insuperável –, vivem à direita, frequentam o mundo de direita e falam à esquerda, com um vocabulário que permite que seu renegamento não (lhes) pareça demasiado radical: eles não podem ter mudado tanto assim, a prova é que continuam votando na esquerda! Claro, mas que esquerda... Nas panelinhas dessa gente, quem falar do Povo se torna Populista e apelar para a Democracia define doravante o Demagogo.

Quando se dirá que esses renegamentos, essa passagem da esquerda governamental ao inimigo liberal, essa oligarquia que dispõe da visibilidade midiática aterroriza intelectualmente todo defensor de uma real ideia de esquerda, esse abandono de soberania seguido de um pôr-se à disposição de uma terceira autoridade – Estados Unidos ou Europa –, essa recusa das elites aos mandamentos de um bom número de valores cardeais herdados de 1789 – a Nação, o Estado, a República, a França, como *slogans* vichyistas, petainistas, fascistas, etc. –, quando se dirá que essas renúncias criam um desespero nacional, fundam e legitimam o voto de extrema direita faz um quarto de século?

2
Miséria suja contra miséria limpa

Os intelectuais franceses desprezam Billancourt*. Billancourt, que é isso? Não só a classe operária que não existe mais

---

* Localidade onde ficava uma grande fábrica da Renault, espécie de símbolo da classe operária francesa. (N. do T.)

como antes. A de Simone Weil, quando escrevia *La condition ouvrière* [*A condição operária*], a de Sartre, que lhe consagrava páginas densas da *Critique de la raison dialectique* [*Crítica da razão dialética*], a de Camus, ao assinar as crônicas de *Actuelles*. Mas também essa nova versão dos miseráveis analisada, mostrada, dissecada por Pierre Bourdieu e os seus em *La misère du monde* [*A miséria do mundo*]. Secretárias e porteiros de edifício, agricultores e desempregados, pequenos comerciantes e professores de escolas em ZEPs*, suburbanos e imigrantes, mães solteiras e trabalhadores precários, catadores e intermitentes do espetáculo, metalúrgicos desempregados e moradores de rua, vigias e trabalhadores temporários, todos esses esquecidos da política politiqueira, todas essas vítimas da violência liberal, todos esses marginalizados pela sociedade consumista.

Bastou Bourdieu erguer o véu que encobria essa miséria para que logo se fizesse desse homem que dá a palavra a esses esquecidos um bode expiatório contra o qual se encarniçam quase todos os jornalistas, unha e carne com quase todos os intelectuais que arrastaram seu nome, seu trabalho, sua honra, seus métodos, sua carreira, sua reputação na lama. E isso inclusive nas horas que se seguiram à sua morte. Destaquei essas páginas imundas e disse o que pensava delas num *Tombeau pour Pierre Bourdieu* intitulado *Célébration du génie colérique* [Canto fúnebre para Pierre Bourdieu: celebração do gênio colérico].

Ai de quem segura o espelho! Não se voltam contra os responsáveis por esse estado de fato, contra os culpados por essa miséria generalizada. Melhor: são poupados, evitam citá-los e apontá-los. Depois fazem uma grita contra quem efetua seu trabalho de intelectual, de filósofo, de pensador engajado, de sociólogo, e relata o mal-estar, lhe dá uma identidade, o coloca em fórmula, apela para os depoimentos dessas vítimas sem rosto e sem nome. Ai de quem não colabora e resiste: soltam contra ele os cães que não recuam ante nenhum meio para de-

---

* ZEP (zona de educação prioritária): localidades com população de baixa renda, socialmente marginalizada, onde a educação é reforçada para combater o baixo desempenho escolar. (N. do T.)

sacreditar, falsificar, mentir – como nos melhores momentos do magistério de Jean Kanapa.

Deixemos pois de lado os pobres coitados que fedem, que vendem lamentáveis jornais pelas calçadas ou pelos quais se passa por cima na rua, saindo de casa, para pegar um avião para Teerã, Kigali, Sarajevo, Argel, Bagdá ou Grozny, esses empíreos da miséria limpa onde, entre dois hotéis de luxo, faz-se uma reportagem que permite, uns três dias depois, dar lições de humanismo, de direitos humanos, de política externa nas colunas de jornais que abrem suas páginas como certas damas abrem as pernas, por cultura profissional. Billancourt? Popular demais, trivial demais, provinciano demais...

Com a miséria distante, cosmopolita, mundial e planetária, quando ela possibilita uma encenação à moda de Malraux, aí sim, pode-se consagrar a ela sua pessoa, seu talento e sua energia: amealha-se o lucro líquido dessa dedicação depois da constituição de si em valor comercializável no mercado da edição, da publicação, da inteligência mundana, espetacular e midiática. No entanto Marx já prevenia os calouros de que a história sempre se reapresenta de acordo com uma lei implacável: a tragédia se reformula mais tarde, decerto, mas de modo cômico... Quem assim quer não é René Char, nem George Orwell!

Em *Politique du rebelle* [*A política do rebelde*], descrevi esse novo inferno reativando os abismos da *Divina comédia*: *privados de atividades e corpos improdutivos*: os velhos, os loucos, os doentes, os delinquentes; *forças improdutivas*: imigrantes, clandestinos, refugiados políticos, desempregados, beneficiários do programa de renda mínima, terceirizados; *forças exploradas do corpo social*: *nômades e privadas de segurança*: trabalhadores temporários, aprendizes; ou *sedentárias e privadas de liberdade*: adolescentes, assalariados, prostitutas, proletários, precários. Milhões de pessoas excluídas do corpo social, expelidas da lógica dita democrática.

Nunca representadas, nunca evocadas em parte alguma, incessantemente postas de lado, invisíveis nos mundos da cultura, da política, da literatura, da televisão, da mídia, da publicidade, do cinema, das reportagens, da universidade, da edição, proibidas de ter visibilidade, os oligarcas não querem que ninguém se lembre da existência dessas provas por dejeto de que o sistema funciona bem e a todo vapor. Todo reaparecimento desse refugo os irrita, e eles autorizam tudo para aniquilá-lo, impedi-lo e decompô-lo. Inclusive, é claro, recorrendo a soluções radicalmente imorais.

A negação dessa parte sofredora da população, o foco dos projetores nas misérias planetárias limpas, a ruptura do vínculo entre o intelectual e a sociedade, a denegação da miséria suja, a decomposição da esquerda governamental, a produção adulterada de uma tendência liberal libertária – cujo liberalismo se aceita com muito gosto, mas cuja parte libertária permanece francamente oculta... –, tudo isso cria seja o abstencionismo político quando dos pleitos eleitorais, seja um voto-refúgio no protesto puro, seja também um engrossamento da nebulosa de extrema direita. A denegação da miséria suja produz um retorno do refugo niilista.

3
Um fascismo micrológico

A época do fascismo de capacete, armas e botas desapareceu. Essa fórmula apresenta a vantagem da visibilidade: as modalidades da exploração são identificadas nas ruas, nas delegacias, nas escolas de guerra, na mídia, na universidade e em outros lugares sensíveis da sociedade civil. O golpe de Estado baseado no princípio putschista com a ajuda de uma coluna de blindados e da tropa de soldados de elite determinados, sem lei nem moral, tudo isso desapareceu. Os Estados Unidos agiram muito assim na América do Sul no século XX, alguns países africanos persistem nesse modelo fora de moda, mas o fascismo já não recorre a truques tão grosseiros. O *fascismo de leão* cede hoje a vez a um *fascismo de raposa*: ele merece uma análise.

Primeiro o fascismo de leão: banal, clássico, inscrito nos livros de história, supõe a comunidade nacional mística que ingere e digere *visivelmente* as individualidades em benefício de um corpo místico transcendental – a Raça, o Povo, a Nação, o

Reich... A vida privada desaparece no alambique em fusão da coletividade onipotente. A propaganda invade todos os domínios e determina a ler, pensar, consumir, se vestir, se conduzir de maneira precisa, determinada e única. Todo discurso alternativo se torna difícil, fustigado, denegrido, quando não proibido. A razão não é levada em conta, aliás, é apresentada como um fator de decadência, um fermento de decomposição, preferindo-se a ela o instinto nacional, a pulsão popular, a energia irracional das massas, solicitada com doses maciças de discursos e técnicas de sujeição midiática. Dar forma a essa desrazão pura supõe o líder carismático, o grande organizador, o princípio de cristalização.

Depois o fascismo de raposa: ele tira as lições do passado e supõe arranjos formais, revoluções de significantes. Porque o liberalismo é plástico: aí está, de resto, a sua força. O golpe de Estado não é popular: visível demais, indefensável demais nessas horas de midiatização planetária e de pleno poder das imagens. Pega mal... Donde a rejeição da violência do leão maquiavélico em benefício da raposa pertencente ao mesmo bestiário, mas célebre por sua astúcia, sua velhacaria, sua vigarice. O leão recorre à potência do exército, a raposa à força dos arranjos discretos.

Quanto ao conteúdo, as coisas mudam pouco: trata-se sempre de reduzir o diverso ao um e de submeter as individualidades a uma comunidade que as transcende; recorre-se ao pensamento mágico, aos instintos mais que à razão; intimida-se; justifica-se o terror pela luta contra inimigos transformados em bode expiatório; constrange-se menos o corpo do que se subjugam as almas; não se maltrata a carne, mas massacra-se o espírito; não se lança a tropa; formatam-se as inteligências para não, ou não mais, pensar. Nada muito novo, salvo a embalagem...

O sucesso da empreitada se confirma: nas zonas de dominação liberal – a Europa do tratado de Maastricht, claro, faz parte dela –, a edição e a imprensa servem a mesma sopa insípida; os políticos no poder, tanto de direita quanto de esquerda, defendem um mesmo programa sob falsas diferenças orquestradas para o espetáculo; o pensamento dominante celebra o pensamento dos dominantes; o mercado faz a lei em todos os setores – educação, saúde, cultura, claro, mas também exército e palácio; partidos, sindicatos, parlamentos participam da oligarquia reproduzindo de forma idêntica o social; desconsidera-se o uso público da razão crítica em benefício de lógicas irracionais de comunicação – sabiamente teatralizadas e encenadas por consórcios financeiros em situação de monopólio; manipulam-se cotidianamente as massas por um uso adutor da televisão; impede-se qualquer projeto construtor, por pouco que seja consistente, em benefício de uma religião consumista, etc.

Esse fascismo de raposa é micrológico, porque se manifesta em ocasiões ínfimas e minúsculas. Lição de Michel Foucault: o poder está em toda parte. Logo nos intervalos, nos interstícios, no entre dois do real. Aqui, ali, acolá, em pequenas superfícies, em zonas estreitas. Mil vezes por dia essa raposice produz efeitos.

Outra lição magistral, a de La Boétie: ele afirma em seu *Discurso da servidão voluntária* que todo poder se exerce com o assentimento daqueles sobre os quais se manifesta. Esse microfascismo não vem de cima, portanto, mas se irradia ao modo rizômico com atravessadores – potencialmente, cada um de nós... – que se tornam condutores, no sentido elétrico, dessa energia ruim. Essa constatação constitui o primeiro tempo necessário para uma lógica de resistência. Saber onde está a alienação, como ela funciona, de onde provém, permite encarar a continuação com otimismo.

II
UMA POLÍTICA HEDONISTA

1
O gênio colérico libertário

Onde está a esquerda? Questão de atualidade, claro, mas também questão fundamental. Quando ela nasce? Onde ela está? O que a define? Quais são seus combates? Como é sua história? Quais são seus grandes nomes? Seus mais célebres combates? Suas falhas, seus limites, suas zonas de sombra? O socialismo, o comunismo, o stalinismo, o trotskismo, o maoismo, o marxismo-leninismo, o social-liberalismo, o bolchevismo fazem parte dela, decerto. Mas o que há de comum entre Jaurès e Lenin? Stalin e Trotski? Mao e Mitterrand? Saint-Just e François Hollande? *Teoricamente*: um desejo de não compor com a pobreza, a miséria, a injustiça, a exploração da maioria por um punhado de abastados. *Praticamente*: a Revolução Francesa, 1848, a Comuna, 1917, a Frente Popular, Maio de 68, Paris de 1981 a 1983... Mas também, em seu nome: o Terror de 93, o Gulag, a Kolyma, Pol Pot. Eis a História – pulsões de vida e pulsões de morte misturadas.

E o espírito da esquerda? A julgar por suas realizações apenas na História da França: *igualdade jurídica* dos cidadãos em 1789 – judeus e não judeus, homens e mulheres, brancos e negros, ricos e pobres, parisienses e provincianos, nobres e plebeus, letrados e artesãos; *fraternidade social* dos trabalhadores – canteiros de obras comunitários e trabalho para todos em 1848, semana de quarenta horas e férias pagas em 1936; *liber-*

dades estendidas à maioria, uma vez desmontadas as barricadas de Maio de 68. Essas conquistas decorrem do uso da força e da potência do gênio colérico da revolução. Essa energia que percorre estes três séculos constitui o que chamo de uma *mística de esquerda*. Uma força arquitetônica que sentimos em nós ou não, à qual aderimos ou não. Ela provém menos de uma redução racional do que de uma situação epidérmica em relação a si: aqui também, a psicanálise existencial pode explicar essa presença do sopro em nós – ou sua ausência...

2
O nietzschianismo de esquerda

Considero o nietzschianismo de esquerda a ponta mais avançada do gênio colérico do século XX. A vulgata associa sempre nietzschianismo e pensamento de direita. O ariano louro de olhos azuis parece a encarnação de Zaratustra em numerosos cultos que tomam como digna de crédito a falsificação dos textos do pensador por sua irmã nazista. Ler a obra impede para sempre tornar esse crítico áspero do Estado, esse anti-antissemita extremo, esse esculhambador do Reich, esse inimigo da violência militar, um nazista ou mesmo um companheiro de viagem da aventura nacional-socialista.

A historiografia silencia igualmente sobre a existência de um nietzschianismo de esquerda desde as primeiras horas: lemos no *Nascimento da tragédia*, em *Humano, demasiado humano* ou em *Aurora* o que avalia essa caução filosófica inesperada do pensamento de esquerda. E encontramos: uma crítica radical de todo o ideal ascético judaico-cristão acompanhada de ataques violentos à Igreja católica (para regozijo do livre pensamento anticlerical); uma crítica fundamental do trabalho em sua essência, o qual se torna a ocasião social de uma polícia dos instintos de liberdade consubstanciais aos homens (satisfazendo os que lutam pela redução do tempo de trabalho e os que se recusam a fazer dessa necessidade do trabalho uma virtude); uma crítica da família e do preconceito monogâmico, depois da lógica de procriação (agradando os partidários da liberdade ampla); uma crítica, já, do que ainda não se chama de sociedade de consumo, mas que anuncia a fetichização e a religião do objeto (encantando os militantes do crescimento zero); uma crítica do Estado acompanhada de um elogio do poder dos indivíduos (inflamando a tradição individualista da esquerda libertária); uma crítica do nacionalismo (angariando os sufrágios internacionalistas); uma crítica ao antissemitismo e um elogio ao gênio judeu (rejubilando os dreyfusianos de ontem – e de hoje...); uma crítica do capitalismo, do liberalismo e da burguesia (comprazendo o eleitor de esquerda); uma crítica do enriquecimento pelo capital e um convite a nacionalizar os setores – transporte e comércio – capazes de gerar lucros demasiado rápidos e vultosos em detrimento da segurança pública e dos pobres (granjeando definitivamente adesões...).

Gystrow inaugura essa corrente nietzschiana de esquerda na Alemanha; depois, Eugène de Roberty, na Rússia; na França, Bracke-Desrousseaux, Daniel Halévy, Charles Andler. Jaurès não se deixa enganar e segue essa corrente. Em 1902, em Genebra, o tribuno socialista se baseia em *Assim falava Zaratustra* para celebrar a aristocratização das massas e as bodas do proletariado com o super-humano. Não subsiste nada dessa série de conferências, salvo as reportagens da imprensa. É essa a primeira geração, a de antes da Primeira Guerra Mundial, que transforma Nietzsche em Superalemão. Uma segunda geração lava o filósofo das suspeitas de responsabilidade na carnificina de 1914-18. O *Colégio de Sociologia* retorna aos textos e busca no pensador o que permita compreender a época e lutar contra os fascismos europeus: Roger Caillois, Michel Leiris, Georges Bataille, a quem devemos uma magnífica reparação a Nietzsche depois da Segunda Guerra Mundial, desastrosa para a reputação do autor de *Ecce homo*. Como elétron livre: Henri Lefebvre, marxista e nietzschiano, propõe uma síntese infelizmente ignorada num *Nietzsche* programático escrito em 1937 e publicado dois anos depois. Uma terceira geração põe Nietzsche novamente em cena em Royaumont, no ano de 1964: Deleuze – autor de um *Nietzsche et la philosophie* [Nietzsche e a filosofia], em 1962 – e Foucault, claro, mas também as obras desses dois e de alguns outros depois de Maio de

68, que não poupa o espírito nietzschiano. Uma quarta geração não seria demais...

Alguma forma parece hoje necessária para estruturar a lógica nietzschiana de esquerda. Sou por formas libertárias. Considera-se pequena a tradição da esquerda libertária na história das ideias políticas. Aqui também sacudamos a historiografia que petrifica desde há muito a história da anarquia numa série de clichês que merecem a superação. A cronologia, os grandes nomes, as obras, fatos e gestos, as anedotas, as posturas heroicas, tudo isso recende a catecismo para uso dos militantes – que, aliás, usam-no muitas vezes como clericais e sem moderação.

William Godwin como pai fundador? Está por demonstrar... Proudhon, o inventor? Seu pensamento vai bem além, mas bem aquém igualmente, porque não economiza uma série de contradições maiores com o espírito libertário: misoginia, antissemitismo, belicismo, deísmo por certo tempo... Stirner? Será? Ele, cujo *O único e sua propriedade* foi o breviário de Mussolini? E sem que se possa, com o texto em mãos, reclamar de erro de interpretação. Bakunin antimarxista? Na forma e em querelas pessoais – dominar o espaço político do momento –, nem tanto quanto ao fundo. De resto, que vínculos existem entre os assassinatos de Ravachol e as doces comunidades pedagógicas de Sébastien Faure? A constelação anarquista requer um fio vermelho...

Aqui também, trata-se de pensar de maneira dialética tomando lições da história e reajustando a teoria à luz da prática: as conclusões de Kropotkin são para a Rússia czarista como a luz de uma vela de sebo, decerto, mas não necessariamente para a Europa pós-moderna do digital. Hoje em dia, os militantes libertários consideram com muita frequência o *corpus* anarquista como um cristão, o dos Padres da Igreja: veneração, respeito, deferências de netos para com o avô. Literalmente, pedem às luzes das velas do século XIX que iluminem nossa época.

Desejo, antes, arrimar meu trabalho no que ainda falta nas páginas das histórias do anarquismo publicadas nestes tempos: as que integram Maio de 68 e o que se segue. Não os próprios fatos, mas as ideias que os produzem, os acompanham e deles decorrem: assim, há que reconsiderar Henri Lefebvre e sua *Critique de la vie quotidienne* [Crítica da vida cotidiana], reler o *Traité de savoir-vivre à l'usage des jeunes générations* [*A arte de viver para as novas gerações*], de Raoul Vaneigem, retomar *Surveiller et punir* [*Vigiar e punir*], de Foucault, e *Mille Plateaux* [*Mil platôs*], de Deleuze e Guattari, ou *Empire* [*Império*], de Michael Hardt e Toni Negri. Sem que esses autores reivindiquem uma tradição libertária, seus trabalhos possibilitam, muito mais e muito melhor que os arquivos de Jean Grave, Han Ryner ou Lacaze-Duthiers, uma análise anarquista contemporânea...

3
Rematar Maio de 68

O objetivo desse pensamento libertário? Acabar Maio de 68, não como se dá cabo de um animal doente, mas no sentido de *rematar*: terminar um trabalho que não foi levado totalmente a cabo. Porque o espírito de Maio possibilitou um momento negador considerável e necessário: essa revolução metafísica – e não política... – modificou radicalmente as relações entre os seres. Onde a hierarquia estorvava toda intersubjetividade, tudo foi varrido: entre os pais e os filhos, o marido e a esposa, o professor e seus alunos, os jovens e os velhos, o patrão e os empregados, os homens e as mulheres, o chefe de Estado e os cidadãos, o poder de direito divino desmoronou. Todos se encontraram ontologicamente em pé de igualdade.

A destruição tocou sem distinção um número considerável de lugares: a escola, a fábrica, o escritório, a oficina, o quarto de dormir, a casa, a universidade e muitos outros. A negação prevaleceu sem discernimento sobre o que estruturava o mundo antigo: a autoridade, a ordem, a hierarquia, os poderes. Desaparecimento de toda coerção, abolição do proibido, libertação do desejo, claro. Mas para quê? Produzir o quê? Sem valores alternativos, essa vontade de botar abaixo um velho mundo só brilha, parece, na negatividade que, paradoxalmente, alimenta o niilismo contemporâneo.

O poder político registrou, decerto, o assassinato do Pai – o velho ancestral, a antiga lei republicana, a História encarnada na figura do general de Gaulle –, mas só para conceder plenos poderes a uma criatura de segunda ordem. Pompidou uniu a direita, tranquilizou os clientes, restaurou a ordem em nome da banca, do progresso e da modernidade. Deixaram tal qual, aos protagonistas de 68, o canteiro de obras metafísico do pós-Maio, depois asfaltaram as vias à beira do Sena, construíram Beaubourg, prepararam o lugar para o giscardismo logo depois reencarnado por Mitterrand, que reciclou os ex-esquerdistas. Fim da aventura...

Desde Maio de 68, nenhum novo valor viu o dia. Aliás, o crepúsculo parece ter caído sobre toda moral. Recusaram a de papai, a instrução cívica do bisavô, zombaram de alguns pontos de referência éticos, criticaram velharias – a obediência, o aprendizado, a memória, a lei –, riram em presença de antigos amuletos – a Nação, o Estado, a República, o Direito, a França – e descobriram um dia, vendo tevê, que cara tinha nossa época: a péssima cara do dia seguinte das festas.

Ponhamos fim a esse estado de fato miserável. Visemos, ao contrário, uma reconquista gramsciana da esquerda, morta da sua renúncia às ideias para melhor se vender a quem der mais e que melhor lhes possibilitar fruir novamente dos palácios presidenciais ou das prebendas do poder na República. Não faltam as ideias que permitem resolver os problemas contemporâneos postos à esquerda nos terrenos ético, político, econômico.

III
UMA PRÁTICA DE RESISTÊNCIA

1
O devir revolucionário dos indivíduos

Ninguém mais acredita na revolução à moda insurrecional de Blanqui. O próprio capitalismo liberal renunciou aos golpes de Estado teorizados por Malaparte! A ideia de Marx, em virtude da qual a mudança de infraestrutura econômica modifica automaticamente as superestruturas ideológicas, não faz mais sucesso em lugar nenhum. A apropriação coletiva e violenta dos meios de produção não muda em nada o problema: a ideologia procede de outras lógicas que não a da ressumação fisiológica dos modos de produção... As ideias vivem uma vida menos sumária.

O capitalismo é plástico. Ele não renuncia a ser sem recorrer a astúcias e múltiplos meios antes de se confessar vencido. A história dessas metamorfoses está por fazer: a afeição, a proximidade, os sentimentos com o *capitalismo paternalista*; o apelo aos grandes fetiches – a liberdade, notadamente de empreender – com a *variação liberal pura e dura*; a convocação da fibra social em caso de *versão socialdemocrata*; a rudeza brutal dos *fascistas fardados*; a sedução por meio dos objetos desejáveis no *tropismo consumista*; a miragem permissiva com os *liberais libertários*; a infiltração porosa e insidiosa no caso contemporâneo *dos fascismos micrológicos*. Cada vez, o empacotamento e o condicionamento são novos, mas a mercadoria continua a mesma...

Essa renúncia à insurreição e às suas possibilidades assinala o fim de toda prática? Devemos agora fazer o luto de uma ação revolucionária? Ou ainda há alguma esperança, e, se houver, sob que formas? A revolução é um ideal ainda defensável? A que preço? Para quê? Com quem? Para visar o quê? Como Blanqui se arranjaria na nossa época? Ainda quereria aquele golpe de Estado que causa uma comoção na opinião pública, se a astúcia permite passar sem dificuldade e se instalar por uma longa duração? A lição de Auguste Blanqui não reside na letra do seu texto, nem em suas ações nas barricadas, mas no espírito da sua existência: visar a produção de efeitos revolucionários.

Detenhamo-nos um pouco na noção de revolução: o que ela significa hoje? Evitemos a acepção, astronômica: porque toda revolução supõe uma rotação, certamente, mas para voltar ao ponto de partida. Muitas vezes as coisas acontecem assim: a revolução russa aboliu o czarismo, sem dúvida, mas para instaurar um regime superiormente brutal ao do *knut* dos czares! Essa falsa mudança não é desejável: ela alimenta a ilusão, desespera e decepciona duradouramente.

A revolução não consiste tampouco na mudança radical, na abolição do passado, na tábua rasa. A destruição da memória nunca possibilitou construir que se sustente e mereça durar. O ódio ao passado, à História, à memória – esses sintomas da nossa época crepuscular... – geram miragens, fantasmas e períodos históricos estéreis. Os autos da fé, as excitações iconoclastas, os incêndios de edifícios, os diversos vandalismos se aproximam da bestialidade, mas não induzem de modo algum os progressos da razão.

Onde está a revolução, portanto? Na lógica hegeliana da *Aufhebung*: conservação e superação. No processo dialético que permite se apoiar no dado, no passado, na história, na memória, para obter o impulso que, respeitando esse ponto de apoio, vai além e gera novas possibilidades de existência. Essa dialética não é ruptura radical, mas encadeamento e evolução franca e clara rumo a horizontes distantes. Reabilitemos o projeto sempre atual do Condorcet que acreditava no progresso do espírito humano. E demos a esse espírito radical os meios de empreender avanços consideráveis.

Que fazer? Reler La Boétie e reativar suas teses maiores: o poder só existe, como foi dito, com o consentimento daqueles sobre os quais ele se exerce. E se não há esse consentimento? O poder não acontece, perde seu meio de agir. Porque o colosso de pés de barro tem os pés – imagem do *Discurso da servidão voluntária* – provenientes unicamente do assentimento do povo explorado. Frase sublime: *resolvam não servir mais e estarão livres*, escreve o amigo de Michel de Montaigne. Desde o século XVI, nada mudou. A brutalidade do liberalismo só existe pela aquiescência dos que o suportam. Se eles recusassem sua colaboração – a palavra importa... –, essa fortaleza se transformaria num amontoado de pedras secas.

A violência liberal não é platônica, caída do céu e proveniente de ideias puras. Ela sobe do chão, surge da terra, se encarna, adquire figura humana, utiliza caminhos de passagem identificáveis, ativados por homens com rostos; existe por causa dos que contribuem para a sua genealogia e para a persistência dessa monstruosidade; ela se encarna em lugares e pessoas, em circunstâncias e ocasiões; ela se mostra; ela é visível, logo frágil e delicada, atingível, exposta, de modo que podemos combatê-la, impedi-la, proibi-la.

A própria natureza dos microfascismos obriga a microrresistências. Às múltiplas ocasiões de forças negativas oponhamos forças reativas e detenhamos a difusão da energia sombria. Sejamos nominalistas: o liberalismo não é uma essência platônica, mas uma realidade tangível, encarnada. Não se luta com conceitos como se fossem situações concretas. No terreno imanente, a ação revolucionária se define pela recusa a se transformar em correia de transmissão da negatividade.

Aqui e agora, e não amanhã ou para um futuro radioso, mais tarde – porque amanhã nunca é hoje... A revolução não espera a boa vontade da História maiúscula; ela se encarna em situações múltiplas nos lugares em que é ativada: em nossa família, nossa oficina, nosso escritório, nosso casamento, nossa casa, sob o teto familiar, desde que um terceiro esteja implicado numa relação, em toda parte. Não há pretextos para deixar para amanhã o que finalmente nunca se acaba fazendo: o lugar, o tempo, a circunstância e a ocasião revolucionários? O instante. Constatando o fim de toda revolução insurrecional possível, Deleuze apelava para o *devir revolucionário dos indivíduos*. O apelo preserva toda a sua eficácia e toda a sua potencialidade.

Claro, essa recusa ganha se não for solitária: porque a potência e a dominação liberais dispõem dos meios de chamar de volta à razão o rebelde isolado, logo esmagado, pulverizado e substituído. Cada ação fragmentada dá ensejo à sua repressão imediata. Salvo uma vocação para o martírio – inútil e contraprodutiva... –, o heroísmo sem alianças despende uma energia preciosa totalmente em vão. Uma resistência permanente, sim; uma construção da sua existência para evitar que ela constitua uma engrenagem do funcionamento da máquina nefasta é melhor ainda, mas na realidade devemos nos aliar, associar forças, aumentar as possibilidades de fazer nossa ideia triunfar: ir mais devagar, frear, deter, imobilizar, tornar a máquina ineficaz e inutilizável. Da inércia à sabotagem.

2
A associação de egoístas

Max Stirner, que é um entendido em matéria de preservação da subjetividade e da unicidade pessoais, compreendeu muito bem quanto a ação do Único permanece limitada em face da brutalidade dos poderes constituídos. Ele, que não tolera entrave à livre expansão do seu *Ego*, que pensa o seu *Eu* como um devoto da sua divindade, toma o cuidado de inventar esta ideia poderosa: a *associação de egoístas*. Claro, celebra a liberdade integral para o indivíduo, mas simultaneamente capta a importância para esse indivíduo de não ficar solitário. Exposto demais, perigoso demais para seu próprio ser.

Desde Georges Sorel e suas *Réflexions sur la violence* [*Reflexões sobre a violência*], ninguém mais ignora o papel que representam os mitos na política. Não as ficções, as fábulas ou as histórias para menores mentais, mas os ideais, as utopias agregativas úteis para orientar a ação. Poderíamos mostrar como o Estado, a Nação, a República – a Europa hoje... –, antes de se tornarem realidades, rondam o cérebro de homens mobilizados para agir em relação a essas ideias arquetípicas da razão e produzir uma história tangível.

O governo planetário a que aspiram os liberais de todos os continentes – a não ser que já não se trate de realidades... – requer uma resposta apropriada. Primeiro com a criação de um ideal da razão: a *resistência rizômica*, depois, com objetivos claramente definidos, uma *política hedonista*. Dispõe-se desse modo de um fim e de meios para alcançá-lo. A política não se revigorará criando grandes sistemas inaplicáveis, mas forjando pequenos dispositivos temíveis, como um grão de areia na engrenagem de uma máquina aperfeiçoada. Fim da história imodesta, advento da história modesta, mas eficaz.

Essa resistência rizômica se dá no terreno individual – a exemplaridade de uma vida de resistência ou o acúmulo de situações de resistência –, ou, mais amplamente, em espaços coletivos, o das associações de egoístas. Essas redes alternativas se tornam imediatamente eficazes, desde a sua criação espontânea, voluntária e deliberada. O contrato de ação dessas associações é pontual, sinalagmático, renovável e capaz de ser rescindido a qualquer momento. Essa adição de forças deve se contentar em visar a energia necessária à inércia e à sabotagem. Uma vez produzido o efeito, a associação se desfaz, se desagrega e os membros desaparecem.

Thoreau mostra em *Civil Disobedience* [*A desobediência civil*] a força capaz de ser desenvolvida diante das lógicas maquinais do capitalismo liberal. O combate de Davi contra Golias mostra: não é preciso ser maior do que seu adversário, basta mais astúcia e criatividade, mais inteligência e determinação. A soma das energias adicionadas e conjugadas dos anões da ilha de Lilliput consegue derrubar o gigante Gulliver. Uma multiplicação dos vínculos finos, uma proliferação em rede de pequenas ações acrescentadas, uma teia de aranha libertária podem danificar um mecanismo elaborado de longa data.

No terreno político concreto, as coordenações mostram quanto elas se inspiram nesses princípios. Contra os sindicatos, perdidos na oligarquia que pretendem combater, elas opõem a força de indivíduos reunidos para uma mesma ação. Nômades, dinâmicas, ativas, elas vencem cristalizações sedentárias, estáticas e incrustadas nos sindicatos estabelecidos. Contra o sindicalismo de colaboração com o sistema, contra o que se opõe sistematicamente sem nunca construir nada, dando as costas aos dois impasses, as coordenações realizam um aparecimento notável no terreno social: porque não se sabe como circunscrevê-las, sua lógica é opaca e ignoram-se quais os meios costumeiros de comprá-las. Nessa nova configuração, reencontramos o espírito do sindicalismo revolucionário de Fernand Pelloutier e dos seus.

3
Uma política hedonista

Em que esse dispositivo de resistência pode ser dito hedonista? Aliás: existe uma política hedonista? E, se existe, qual? Porque o descrédito costumeiro lançado sobre o hedonismo entende-o frequentemente como a justificação de fruições individuais e egoístas sem nenhuma dimensão política. É conhecer mal a história do hedonismo político que, desde Epicuro até Stuart Mill pelo menos, passando por Helvétius e Bentham, prova a existência nele de uma dimensão coletiva e comunitária.

Marx e Foucault fizeram muito mal ao utilitarismo anglo-saxão. O primeiro, pelos motivos de dominação intelectual e política do campo social da época; o segundo, por excesso de especialização – seu trabalho sobre o panóptico, sem se preocupar com a totalidade do projeto, o leva a escrever tolices sobre Bentham. Porque o utilitarismo hedonista é algo bem diferente de uma filosofia de quitandeiro ou a invenção do totalitarismo moderno! O desempoeiramento da historiografia deve compor também com personagens inesperados: é o caso dos autores do *Capital* e da *História da loucura*!

Curioso merceeiro, este, que milita pela descriminalização da homossexualidade – *Essay on 'Paederasty'* [Ensaio sobre a "pederastia"] (1785!) –, o direito das minorias – mulheres e crianças –, um estatuto digno para os animais, sobre os quais as pessoas se lançam impunemente, como carrascos, uma humanização das condições carcerárias – *Panopticon* [*O panóptico*] (1791); singular inventor do totalitarismo esse homem, que estabelece um catálogo dos males devidos à religião – *The Influence of Natural Religion on the Temporal Happiness of Mankind* [Uma análise da influência da religião natural na felicidade temporária da humanidade] (póst. 1882) –, aponta a mania da linguagem empolada dos políticos – *The Book of fallacies* [O livro das falácias] (1824)... Em *Deontology* [Deontologia], ele submete a política à ética: toda política hedonista se preocupa com a *maior felicidade possível para o maior número de pessoas*. Esse objetivo permanece atual...

Nada a ver, por conseguinte, com o liberalismo político. A liberdade do utilitarismo anglo-saxão tem em vista a liberdade desejada, querida, construída durante a Revolução Francesa – precisemos de passagem que Jeremy Bentham foi feito cidadão francês pela Convenção... John Stuart Mill segue seus passos com *The Subjection of Women* [*A sujeição das mulheres*] (1869), uma magnífica defesa do feminismo, e *On Liberty* [*Sobre a liberdade*] (1859), livros dignos de figurar na biblioteca de um libertário... Por conseguinte, relegar ao esquecimento essa sensibilidade de um hedonismo político – de uma política hedonista – também decorre de uma crítica à historiografia dominante.

A política hedonista e libertária pós-moderna tem em vista a criação de setores pontuais, de espaços liberados e de comunidades nômades construídas em cima dos princípios supracitados. Nada de revolução nacional ou planetária, mas de momentos que escapam dos modelos dominantes. A revolução se efetua em torno de si, a partir de si, integrando indivíduos escolhidos para participar dessas experiências fraternas. Essas *microssociedades eletivas* ativam *microrresistências* eficazes para derrotar momentaneamente os *microfascismos* dominantes. A era micrológica em que nos encontramos obriga à ação permanente e aos engajamentos perpétuos.

Visar um Estado melhor, uma sociedade pacificada, uma civilização feliz é um desejo infantil. Nesse universo de malhas liberais poderosas, construamos utopias concretas, ilhas pensadas como abadias de Thélème* pontuais e reprodutíveis em todos os lugares, em todas as ocasiões e em todas as circunstâncias. Jardins de Epicuro nômades, construídos a partir de si. Onde quer que nos encontremos, produzamos o mundo a que aspiramos e evitemos este que rejeitamos. Políticas mínimas, decerto, políticas de tempo de guerra, sem dúvida, políticas de resistência a um amigo mais poderoso que nós, evidentemente, mas política apesar de tudo.

Obviamente, essas soluções podem parecer muito pobres. E, de fato, são, do mesmo modo que se fala de arte pobre. Mas essas iniciativas micrológicas são mais pobres que a democracia parlamentar decomposta? Que o presidencialismo construído com base no espetáculo que midiatiza o teatro de egos superdimensionados? Que um sufrágio universal em tempo de incultura generalizada? Que a espetacularização barata do político? Que uma profissionalização da classe política? Que a despolitização maciça? Que a permanência de velhos esquemas históricos caducos? Mais? Ou menos?

A posição libertária propõe uma prática existencial em todas as ocasiões e em todas as circunstâncias. A anarquia, que pretendia gerir e organizar a sociedade com base no princípio de um modelo preestabelecido, conduziria inevitavelmente à catástrofe. Uma sociedade anarquista? Está aí uma sinistra e improvável perspectiva. Em compensação, um comportamento libertário, inclusive numa sociedade que pretendesse realizar a anarquia, está aí uma solução ética – logo política! Porque o objetivo, aqui como alhures, é sempre o mesmo: criar ocasiões individuais ou comunitárias de ataraxia real e de serenidades efetivas.

---

* Em *Gargantua e Pantagruel*, de Rabelais, a abadia de Thélème é a imagem de um mundo ideal, onde, ao contrário dos monastérios reais, reinariam os prazeres, a ausência de regras, a plena liberdade. Sua divisa: "Faz o que quiseres." (N. do T.)